本书为

国家社会科学基金一般项目

"甘肃石家及遇村遗址两周时期墓葬考古发掘资料整理与研究"

（23BKG008）

阶段性成果

陇原金周

甘肃省文物考古研究所 编著

甘肃宁县石家墓地出土文物集萃

文物出版社

图书在版编目（CIP）数据

陇原余周：甘肃宁县石家墓地出土文物集萃 / 甘肃
省文物考古研究所编著. -- 北京 : 文物出版社, 2024.
9. -- ISBN 978-7-5010-8500-2

Ⅰ. K878.82

中国国家版本馆CIP数据核字第202476NL51号

**陇原余周**——甘肃宁县石家墓地出土文物集萃

编　　著　甘肃省文物考古研究所

责任编辑　彭家宇
责任印制　王　芳

出版发行　文物出版社
社　　址　北京市东城区东直门内北小街2号楼
邮政编码　100007
网　　址　http://www.wenwu.com
经　　销　新华书店
制版印刷　天津裕同印刷有限公司
开　　本　889mm×1194mm　1/16
印　　张　17.25　插页：3
版　　次　2024年9月第1版
印　　次　2024年9月第1次印刷
书　　号　ISBN 978-7-5010-8500-2
定　　价　520.00元

# 陇原余周

甘肃宁县石家墓地出土文物集萃

# 目录

# 前　言

陇东本是周文化形成与发展的重要区域，但西周中晚期以来因戎狄侵扰、族群变迁，反而成为牵动周人神经的敏感地带。伴随着西周王朝的覆亡，该地区疑似成为"王灵不及，拜戎不暇"[1]之地，被传世典籍所"遗忘"。风云骤变，谁主沉浮？囿于文献资料匮乏，始终是困扰学界的历史难题。而从考古角度破冰，无疑是解决该问题的关键所在。近几年，由甘肃省文物考古研究所主持发掘的宁县石家及遇村遗址，取得了一系列重要考古成果，为这一问题的解决提供了难得契机。

## 一　石家及遇村遗址概况

石家及遇村遗址由石家墓地和遇村遗址组成，位于甘肃省庆阳市宁县早胜镇，地处马莲河以东、九龙河以南、无日天沟河以北早胜塬上（图一）。遗址年代序列较长，贯穿整个西周及春秋时期，面积约76万平方米。遗址最初发现于20世纪60年代，

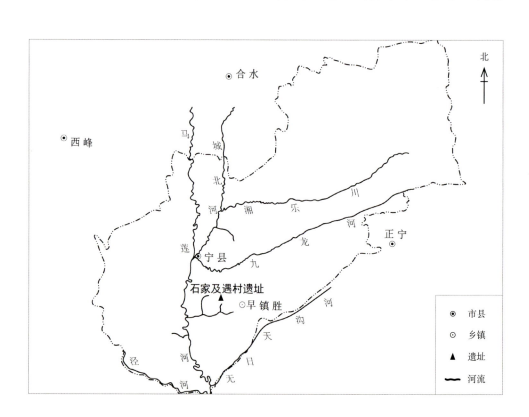

2016年甘肃省文物考古研究所对石家墓地展开首次考古发掘，主要清理发掘两周时期墓葬198座、（车）马坑7座，出土有青铜器、金器、玉石器、陶瓷器、骨角器、漆木器等。2018年甘肃省文物考古研究所与南京大学历史学院联合对遇村遗址展开首次发掘，截至2023年已发掘3625平方米，清理遗迹有城垣、壕沟、墓葬、房址、道路、灰坑等。2019年，遗址新发现东周时期大型城址，面积约25万平方米，这在陇东地区尚属首次发现，揭开了考古工作新的篇章。发掘资料较清楚证明墓地与城址存在"葬"与"居"关系，共同构成一处两周时期大型聚落[2]。同年，石家及遇村遗址入列第八批全国重点文物保护单位。基于近几年取得重要收获，2020年开始从聚落角度全面审视墓地与城址，现有资料显示，以北西垣、壕为界，城内居住区和城外墓葬区分别为石家及遇村先民的生死场所，属于功能独立的两大单元（图二）。

## 二　石家墓地

就墓地而言，主要分城西与城北墓区，城西墓区属高等级贵族墓葬，城北墓区为一般贵族及平民墓葬。

### （一）发掘概况

城西墓区位于城址西部，其东部、南部以人工壕沟为界，壕沟外为遗址区，北部与城北墓区存在明显空白地带。城西墓区勘探共发现两周时期墓葬198座、车马坑21座。城西墓区2016年展开首次考古发掘，截至2019年，共清理两周时期墓葬44座，车马坑3座，祭祀坑1座（图三）。

城北墓区位于城址北部，其南部与城西墓区存在明显空白地带。城北墓区勘探共发现两周时期墓葬797座［包含部分（车）马坑］。城北墓区于2018年展开首次发掘，截至2023年，已清理两周时期墓葬154座，（车）马坑4座（图四）。

1.地层堆积

石家墓地地层堆积大致可以分为三层：

①层（耕土层）：土色灰褐，土质疏松，空隙大，厚0.3～0.4米。

②层（垫土层）：土色黄褐，土质疏松，密度较耕土层较大，厚0.3～0.46米。仅分布于发掘区较高台地上。出土有周代灰陶片及近现代瓷片。

③层（垆土层）：土色黑中泛白，上层疏松，下层黏结，可塑性强，厚约0.7米。易于渗水、保墒，有较强的石灰性反应，是庆阳地区肥力最好的土壤，主要分布于塬面上（诸如早胜塬、董志塬等）。包含物丰富，以周代遗物为主，另有少量仰韶文化出土物。所清理两周时期墓葬，均开口于③层下，打破生土。

2.葬制

墓葬形制为长方形竖穴土坑墓，基本为南北向，零星见东西向。依上下墓口大

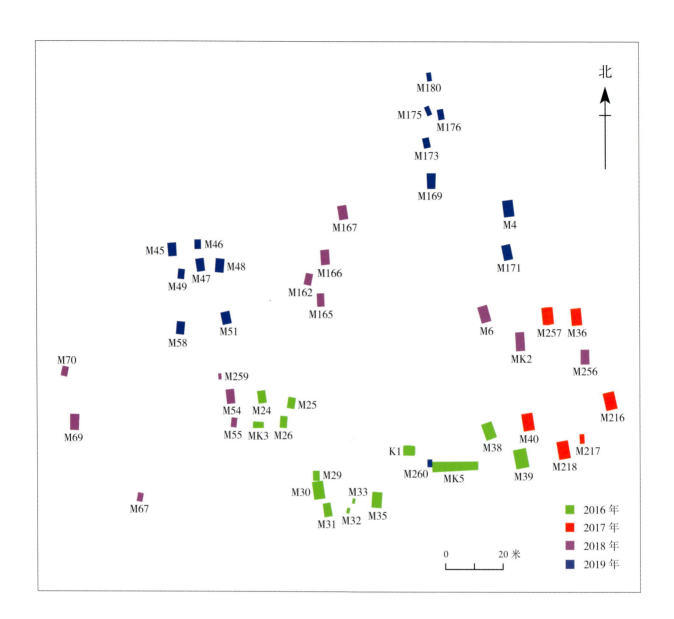

北

M180
M175
M176
M173
M169
M4
M167
M171
M45 M46
M48
M47
M49
M166
M162
M165
M6 M257 M36
M51
MK2
M58
M256
M70
M259
M216
M54 M24 M25
M55 MK3 M26
M40
M216
K1 M38
M217
M260 MK5 M39 M218
M29
M30 M33
M67
M31 M32 M35

2016 年
2017 年
2018 年
2019 年

0        20 米

▲

图
三

城
西
墓
区
2016～2019
年
发
掘
墓
葬
总
平
面
分
布

小，可分为竖井形、正斗形与覆斗形三类（图五）。墓葬规模一般随墓葬大小（详见
下文）而成正比。第一等级墓葬，墓口一般长宽为6米×4米，深度为10米及以上；
第二等级墓葬，墓口一般长宽为4米×3米或3米×2米，深度为10～6米；第三等级
墓葬，墓口一般长宽为2米×1米，深度一般为4米。墓葬填土多经夯筑，土质较硬。
土色随墓葬大小存在一定变化，第三等级及10米以上第二等级墓葬，填土为黄土中
夹杂灰褐色土块；第一等级及10米左右第二等级墓葬，土色为黄褐色夹杂大量红黏土
块。究其原因，遗址周围深度10米左右位置，地质上一般分布一层红黏土层，并伴
有大量料礓石出土。此类土质黏重，土体结实，通透性差。故而，该类墓葬出土文物
多处于饱水状态，墓主遗骸保存极差，部分墓葬甚至尸骨无存。墓圹四壁多经修整，
刮削平整，基本未留下工具痕迹。部分墓葬墓圹一角两侧，可见上下两排脚窝。其出

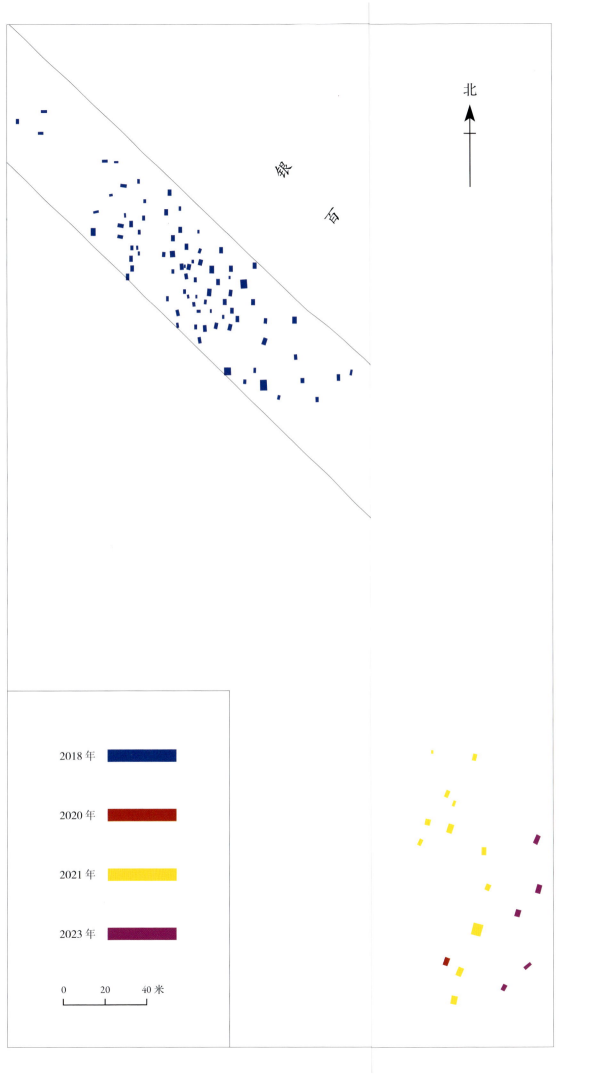

北

图四 城北墓区 2018～2023 年
发掘墓葬总平面分布

河
台

2018 年
2020 年
2021 年
2023 年

0    20    40 米

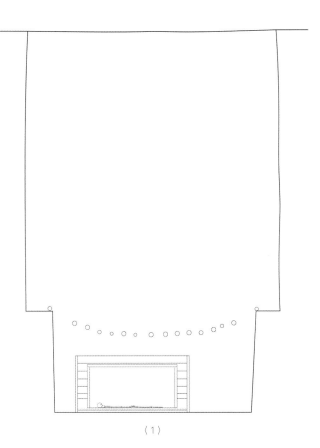

〈1〉

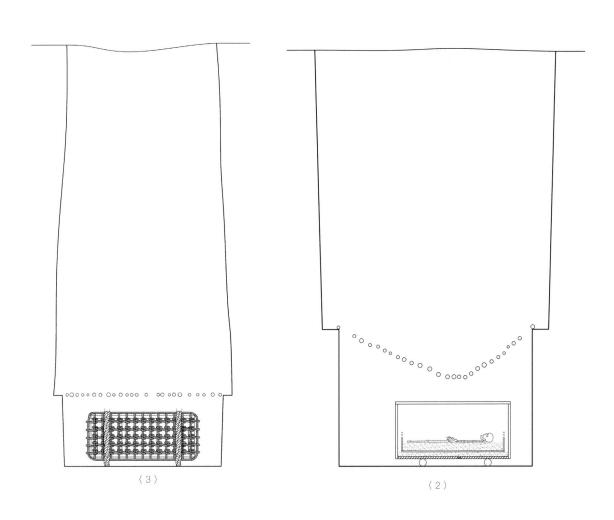

〈3〉　　　　　　　　〈2〉

现于墓圹东北角，少数出现于墓圹西南角或东南角。墓圹近底部流行设二层台，或熟土、或生土，一般南北向二层台稍宽。

3. 葬具

墓葬基本可见木质棺椁。一般而言，第一等级墓葬皆有棺有椁，椁者仅为一重，棺者为两重；第二等级墓葬有棺，或单棺或重棺，椁者有较高比例发现，仅为一重；第三等级墓葬有棺者仅为单棺。

（1）木椁

木椁构建上，椁盖以圆木或木板呈现，多搭建于椁壁或东西二层台之上，棚木之间多密封，间距较大者，其上或其下置抗席（图六）。椁壁通常以木板上下堆砌，未发现椁壁者，或以浅绿色颜料涂抹（图七），或以席子围构来代替。椁底见木板，有东西向横铺（图八），亦有南北向竖铺，未见椁底者，部分以席子代替。

（2）木棺

木棺常见用木板构筑，平面基本呈长方形。重棺者，外棺多髹黑漆，内棺一般髹红漆（图九）。墓地另发现一类以圆木或方木构建的木棺，形制特殊。如M166，其外棺由竖向及横向木橼，上下交错叠压堆砌八层。外棺底板髹红褐色漆，由南北向四块木板组成，之间有间隙（图一〇）。

▶ 图六

〈1〉M4 椁盖——覆席
〈2〉M4 椁盖——席下棚板

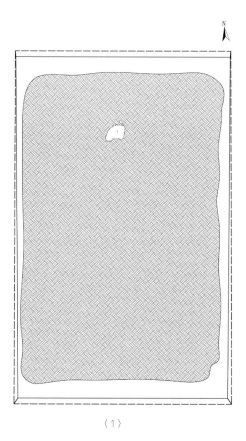

〈1〉

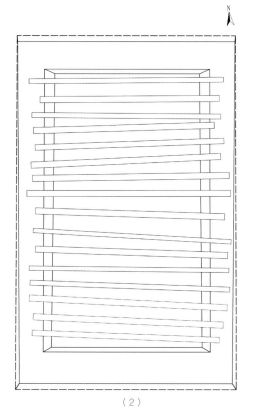

〈2〉

▲ 图七 ｜ M216 墓壁涂抹浅蓝色涂料

▲ 图八 ｜ M257 东西向椁底板

▲ 图九 ｜ M35 内外棺

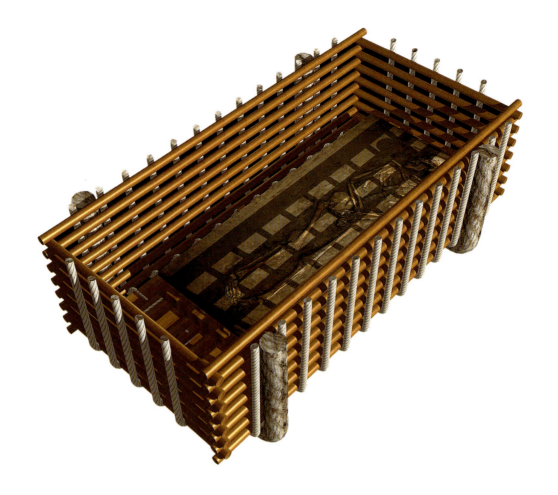

（3）棺饰

墓葬围绕木棺，发现大量棺饰及相关遗存，主要见铜翣、墙柳、荒帷、缀饰、棺束、棺床等。

翣作为两周时期棺饰重要组成部分，石家墓地多有发现。其一般成对出现，置于木棺周缘或盖板上。所见形制不尽相同，但基本中间为一圭形铜片饰，两侧有对称饰件，整体呈三叉形，底座铜片饰一侧发现两组或三组钉孔，可能以衔木柄，符合文献"大丧，持翣"[3]的记载。制作方式为上下分体式，缀合方式上有以窄铜片穿孔将其首端与底端进行联结，或以铆钉形式进行联结。纹饰题材可分凤鸟形、凤鸟、夔龙组合及人面形等（图一一）。

墙柳，俗称棺罩，即覆在棺枢上一木质框架。石家墓地有诸多发现，如墓葬M176木框结构是由上下两层"口"字形结构及立柱组成，其中四角有立柱，东西两侧各两根方形立柱，套接于上下"口"字形结构之上，"口"字形结构之间各榫卯套接两根横木（图一二）。

荒帷是覆于"墙柳"之上的一类纺织物遗存，形似帐幕。石家墓地发现该类遗存分带图案与素面两类，高等级墓葬多见图案，以黑、红二色填充，勾绘三角、斜线几何等纹样。如墓葬M6外棺东侧发现荒帷遗存，本体为淡黄色纺织物，上以红、黑二色绘制三角纹、圆圈纹、云气纹等几何图案（图一三）。

〈1〉　　　　　　　〈2〉

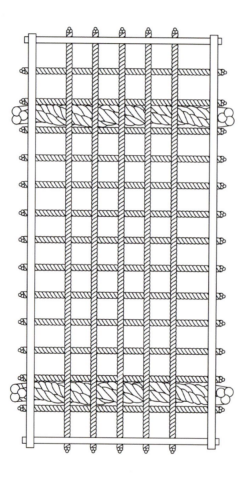

据文献记载，以铜鱼为代表的缀饰悬于"池"下，与振容共存，柩车行则鱼跃拂池[4]。郑玄注，君、大夫以铜为鱼，悬于池下……大夫去振容，士去鱼。从石家墓地来看，坠饰除鱼、贝以外，常伴有磬形饰、珠、铃等，依墓葬年代、等级的差别，表现出材质的不同及组合的多样，富有特色（图一四）。

"棺束"，本为皮革束合棺木一类遗存，石家墓地多有发现。如墓葬 M166 外棺周围，发现有细绳子，绕棺横向十三道，纵向五道，且纵向叠压横向，以捆扎外棺。另外，"棺束"中又发现一类粗绳子遗存，是由若干细麻绳捆扎而成。M166 仅发现横向两根，分置于外棺南北近两端（图一五）。可能起到辅助悬窆下葬之用，与文献记载"缄耳"[5]相关。

"棺床"遗存，国内两周墓葬少见，石家墓地有重要考古发现。从出土位置来看，单棺者，置于此棺之下；重棺者，置于内棺之下。床面下有以枕木套接床框作为支撑的，以 M166 为代表，上层棺床由木椽围构呈"口"字形床框，上搭建五块南北向木板，床框南北近两端，镶嵌两圆木，可前后转动，应与文献记载"輁轴"[6]相关。下层棺床由三块南北向木板组成，其下发现三道枕木（图一六、一七）。棺床之功能，能使木棺隔水防湿及通风透气，实际与承尸之所——"尸床"[7]情况相类似。

〈1〉

〈2〉

〈1〉

〈2〉

4.葬式、葬俗

石家墓地所见墓主葬式均为单人葬，尸体摆放可分直肢葬与屈肢葬（图一八），另见零星二次葬。屈肢葬又可分侧身与仰身，腿部轻微弯曲，或弯曲较甚。

葬俗上，存在墓祭、毁兵、碎玉葬等现象。墓葬填土多见殉葬动物部分肢体，多以牲腿、牲头为主，种属有牛、羊、猪等。与此共存器类有玉（石）圭（戈）、玉（石）璧、玉（石）璜等遗物（图一九），可能与墓祭现象有关。男性墓多随葬兵器，种类涵盖戈、剑、矛、镞、盾等，其中铜戈、铜剑多发现人为有意识折断（图二〇），应存在毁兵习俗。另有部分墓葬周围见大量碎玉残件，多出自墓主口部及手中，部分可拼接复原，推断属于碎玉葬一类习俗。

5.随葬器物

石家墓地出土器物丰富，可分铜器、金器、铁器、玉器、陶器、瓷器、泥器、漆木器等。

铜器为大宗，分礼（容）器、兵器、车马器等。礼（容）器有鼎、簋、鬲、甗、壶、盉（匜）、盘、盆等；兵器有戈、剑、矛、镞、钺等；车马器有衡饰、轭饰、毂饰、軎饰、辖軎、銮铃、衔镳、甲片、环、泡、节约等。金器主要作为装饰类，其工

图一九

M4 墓葬填土出土玉璜、玉璧

图二〇

M35 铜剑

艺普遍采用铸造，个别器物发现金铜复合制作工艺，纹饰有中原流行的夔龙纹、兽面纹及"丨""＜"。铁器发现较少，皆用于兵器，添加于关键部位，增强其杀伤力。玉器大致可分佩饰用玉、礼仪用玉、丧葬用玉。佩饰用玉有发饰诸如笄一类，耳饰诸如玦一类，串饰诸如多璜联珠、组玉项饰一类；礼仪用玉涵盖璧、琮、瑗、璜、圭等瑞玉类及柄形器等；丧葬用玉有饰棺用玉、琀玉等。玉料出土复杂，有闪石料、蛇纹石类玉石、玛瑙、绿松石、费昂斯等。完整陶器在墓葬内发现较少，以罐、鬲呈现。瓷器发现 2 件，属原始青瓷，釉色斑驳不均，口沿露胎。泥器主要以仿铜礼器形态出现，有鼎、簋、壶、匜、盘等，仍体现墓主身份等级。漆器内涵丰富，包括礼（容）器、兵器、车马器、丧葬器等。髹漆工艺分木质与皮革两类。木器有少量发现，皆已腐朽，墓葬淤土内以"空洞"迹象呈现。用石膏灌之，器类有俑、狗与俎。

6. （车）马坑

石家墓地袱葬车马坑 5 座，马坑 2 座，相较墓葬，整体埋葬较浅。4 座为南北向，3 座为东西向。南北向车马坑者，车马作分层放置，车上马下，车为拆装。如车马坑 MK2，平面呈南北向梯形。内葬 1 车、殉马 14 匹（图二一）。其北部由北至南依次发现车衡铜构件、车辕、车轴。其中车衡构件见 2 軏首、3 軏足、2 衡中饰及 1 軏

饰，舆及辀大致呈南北向东西并列放置。南部由北至南依次发现车舆、车毂、车辀、车轮，辀南舆北。车下见马，坑内南部两侧有4马，其中西侧马头朝西，马身各部位较完整，部分压于中间车辕及车轮之下。坑内东侧仅见4马头骨及部分马腿骨，其中1头骨压于南部车舆之下。坑内北部车辀西侧见6马头骨及部分马腿骨，摆放较为凌乱。东西向车马坑者，车马作驾乘状，一车两马，部分见殉人、殉狗现象。如车马坑MK5，平面呈东西向梯形，东窄西宽，四壁较直，口略大于底，坑底东高西低。车马同坑，殉车5辆，均为单辀，车与车东西向纵列，辀朝东。由东至西，第1辆车无马，第2至5辆车均为一车两马（图二二）。其中第2、3辆车间距较小，马骨大部分压于前车车舆下。按埋藏学特点，车马遗存应该是从西向东先后进行埋葬。马头向东，呈一线排列，且马前腿、后腿之间相互并拢。其中在第4辆车南侧马匹前腿填土内侧发现裹布痕迹，说明马是被捆绑杀死后进行殉葬。殉人坑发现7个，第2辆车舆前侧发现1殉人坑，第3至5辆车舆底部各发现两殉人坑（图二三）。

### （二）初步认识

#### 1.墓葬年代

石家墓地墓葬形制单一，均为竖穴土坑墓，墓圹近底部流行二层台，盛行棺椁。墓主葬式演变特征明显，早期墓葬以仰身直肢葬占据主体，晚期墓葬转变为以屈肢葬为主。棺饰遗存呈现出由繁到简趋势，这集中体现在串饰遗存平面分布特征上，早期墓葬该遗存平面分布多呈"目"形、"目"字形、"日"字形、"口"字形等，晚期墓葬多

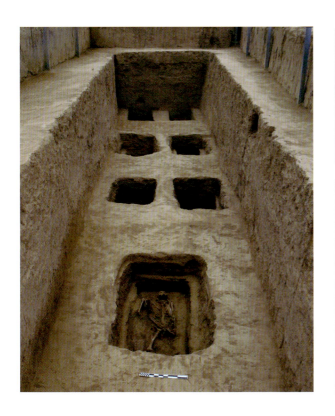

▶ 图二二

MK5整体照

◀ 图二三

MK5车马遗存下7个殉人坑

置于木棺东西两侧。袱葬（车）马坑方向由南北向演变为东西向，车马埋葬方式由车马分层放置转变为车马作驾乘状，且殉人、殉狗现象明显。

（仿）青铜器物组合，礼器组涵盖炊器、食器、酒器与水器，炊器中早期墓葬M216不见甗，似以鍑代替，晚期墓葬M218鍑已消失，已出现甗；食器中早期墓葬强调鼎、簋组合，诸如M216、M6、M4，晚期墓葬加入盆，如M218、M38、M35强调鼎、簋、盆组合；酒器中仅见方壶，不同于这一时期虢国、芮国墓地见有圆壶，个别墓葬甚至有卣、尊、觚、角的发现，显示酒器在中原地区的发达；水器中早期墓葬M216、M6、M4、M169为盘、盉固定组合，晚期墓葬M218、M38匜已代替盉，出现盘、匜新组合。另外，礼器组合中早期墓葬多见礼器分组现象，如M216铜礼器组合分两组，以大小、纹饰及制作优劣等来区分；M6、M160可见铜礼器与仿铜泥质礼器各为一组；亦发现M4铜礼器与仿铜泥质礼器互为补充分组现象。晚期墓葬礼器分组现象基本消失，但鼎材质多样，或铜、或陶、或泥质，搭配铜、陶、泥或漆质簋、壶、盘、匜等。兵器组以戈为基本单位，或单独出现，或与铜镞、铜矛、铜剑等搭配，体现出了春秋时期长柄格斗兵器与远射兵器的垄断地位。车马器组体现出由繁至简过程，早期墓葬或车马坑可见銮铃，车毂上仍有用軝、軎、辖等铜饰件进行加固，轭上有轭首及轭足等进行装饰，防止磨损等，符合周系车马葬制特点。晚期墓葬车马器仅突出主要构件，如衡饰、辖軎、马衔（镳）等，与礼县大堡子山、圆顶山等秦墓同类器类似，符合秦系车马葬制特点。玉器涉及佩饰用玉，第一等级女性墓强调多璜联珠、组玉项饰组合；第二等级及第三等级墓葬突出耳饰，多见玦一类玉器。礼仪用玉中格外强调圭，材质除玉外，亦见有石、蚌、陶等质地，基本每座墓都有不同比例发现。日用陶器早期墓葬多见鬲，以单件呈现，晚期墓葬强调罐组合。

表现在单个典型器物特征上，（仿）青铜礼器中鼎腹部由深变浅，由圜底趋向平底，蹄足由收拢腹底上移至腹中；簋整体呈盂形，垂珥消失；盉基本为扁腹，鸟形盖顶；盆基本为圆弧形带捉手盖，折肩，平底。青铜兵器中铜戈基本由锋部方折转变为较圆钝，援部由较平演变为内曲；铜剑早期仅见花格剑，晚期演变为秦式剑；铜镞早期仅见带梃者，晚期已出现带銎孔铜镞。青铜车马器中车軎一端由多棱圆筒形转变为一般圆筒形；衡末饰由凤鸟形转变为圆筒形。这一时期青铜器纹饰主要流行波带纹、重环纹、夔龙纹（早期转角处圆弧，晚期出现方折）、垂鳞纹、窃曲纹等。陶器组合中陶鬲为平沿，沿面见有弦纹，裆部较矮，器表多为素面，承袭西周晚期以来的传统。罐多见大喇叭与小喇叭口，肩腹部多饰数道弦纹，肩部由折肩转变为圆肩，具有浓郁秦文化因素。

综上所述，石家墓地墓葬年代整体符合春秋早中期时代特征，依据发展演变规律，可将其分为春秋早期与春秋中期及以后两个大的时期。另外，城北墓区包括遇村城址内零星发现具有西周晚期至两周之际墓葬，如墓葬M143出土镬鼎为立耳，圜底，腹较深，三足蹄收拢于腹下，口径与通高基本相当，是西周晚期常见类型，较之山西黎城西关墓地出土类似重环纹铜鼎[8]，体态稍高，下腹更加浑圆，与陕西出土善夫伯辛父鼎[9]、北赵晋侯墓地ⅡM31∶3[10]、安阳市王古道村墓M2∶13[11]同类器相似。三角援铜戈，多见于关中及汉中地区，西周中期后鲜有发现，其形制与天马曲村M6496∶4[12]、北赵晋侯墓地M33∶66[13]相同。陶鬲折沿内斜，裆部较低，沿内外饰两周弦纹等特点，结合张礼艳丰镐地区西周墓葬分期研究，属甲类D型第六期习见陶鬲，年代在西周晚期偏晚[14]。

科技考古年代检测方面，北京科技大学魏强兵博士对石家墓地出土所有铜器样品，包括对部分器物泥芯以及泥质礼器进行了取样。分析材料得出石家墓地西周晚期开始营建，代表性墓葬有遇村城址内的M12，两周之际代表性墓葬有M143，春秋早中期为石家墓地主体年代，发现这一时期墓葬较多，其中春秋早期代表性墓葬有M6、M216、M4，春秋中期代表性墓葬有M218、M35，春秋晚期墓葬发现较少，有M25、M26、M29、M47、M167等[15]。石家墓地整体年代上从西周晚期延续至春秋晚期。兰州大学魏文钰博士对石家墓地各时期墓葬出土人骨进行了碳-14测年，其整体测年校正区间为 2842～2490 BP[16]。年代范围亦涵盖西周晚期至春秋晚期，与传统考古年代认识基本相同。

据此，可将石家墓地年代大致分为三个时期：

第一期：西周晚期至两周之际，以 M143 为代表。

第二期：春秋早期，以 M216、M160、M6、M4、M169 为代表。

第三期：春秋中期及以后，以 M218、M38、M167、M35、M32 为代表。

2.层级结构

承前文简述，石家墓地层级结构大致可分三级。第一等级，墓室面积一般在 20 平方米及以上，列鼎数量一般为 7 件，棺椁组合为一椁重棺，置翣（角）数量一般为 6～12 件。符合第一等级代表性墓葬有 M6、M216、M218、M38。第二等级，墓室面积一般在 6～20 平方米以下，列鼎数量一般为 3 件，且材质上多为泥鼎，棺椁组合为一椁单棺或重棺或单棺，置翣（角）墓葬发现极少，数量最多为 6 件。符合第二等级代表性墓葬有 M160、M143、M4、M35、M167、M169。第三等级墓，墓室面积在 1～2 平方米左右，不随葬鼎、翣（角）等，极少置椁，棺有一定比例发现，仅为单棺。符合第三等级代表性墓葬有 M32。

对应三类墓葬，第一等级墓葬"一椁重棺"棺椁数量，符合《礼记·檀弓上》郑玄注："……大夫一重"[17]大夫之身份。列鼎数量一般为 7 件，合乎诸侯身份，不过该类墓葬尚未发现墓道，磬、钟之类乐器亦未出土，诸侯身份的可能性较小。饰棺之制中，铜翣数量上为 6～12 件，文献记载等级标准[18]与实际墓主人身份有出入，似有僭越的可能。串饰遗存分布及组合比较复杂：分布特点上，围绕外棺四周及顶部发现串饰遗存，呈"冒"形、"目"字形、"日"字形、"口"字形等；或分布于木棺三侧及顶部；或置于木棺东西两侧。串饰遗存中以陶（石）磬形饰、陶（泥）珠、石贝、铜铃、铜鱼为基本组合，部分墓葬发现有玛瑙、费昂斯珠等来代替陶珠或泥珠。第二等级墓葬"一椁一棺及重棺、单棺"棺椁数量，大致符合《礼记·檀弓上》郑玄注："……士不重"[19]元士之身份。列鼎数量一般为 3 件，礼器组合中缺少酒器与水器。仅就鼎而言，除少数墓葬为铜质外，大部分墓葬为泥鼎或陶鼎，其中泥鼎简单烘烧，上多涂抹绿色颜料，仿制青铜礼器。陶、泥器代替铜器一方面出于铜料资源的有限，另一方面可能与文献记载"无田禄者不设祭器"[20]有关，因生前没有准备祭器资格，故而多在死后草草制作泥质器，以充当青铜礼器，显示其身份。饰棺之制中，随葬铜翣墓葬比例极低，仅个别墓葬有发现；串饰遗存多分布于木棺东西两侧，或围绕木棺整体呈"冒"形、"目"字形、"日"字形、"口"字形等。串饰遗存基本以陶磬形饰组，泥珠、泥贝组，铜铃组构成，尚未发现铜鱼，符合"士去鱼"之制。第三等级墓葬无棺椁，无铜礼（容）器随葬，无饰棺之制等，应属于平民阶层。

3.族属

从目前考古资料来看，石家墓地自西周晚期以来开始营建，至春秋中期及以后衰落乃至消失，墓葬始终以南北向竖穴土坑墓为基本形制，墓圹近底部流行二层台，盛行棺椁。墓主头朝北、脚向南。葬式中直肢葬占有一定比例，尤其是西周晚期至春秋早期，直肢葬为基本葬式。棺饰遗存内涵丰富，贯穿于石家墓地年代始末。随葬礼器组合中强调鼎簋搭配；青铜兵器中盛行毁兵习俗；墓葬殉车或车马坑随葬车辆，在西周晚期至春秋早期这一时期，流行拆车葬。以上墓葬特点，反映出石家墓地浓郁的周文化内涵。进一步来说，石家墓地南北向竖穴土圹，墓主头向北，仰身直肢葬，无腰坑、殉狗，流行棺饰等特点是关中春秋早期墓葬的普遍特征。石家铜器常见纹饰有重环纹、夔龙纹、窃曲纹、波曲纹（山纹）等，属西周晚期至春秋早期盛行纹饰，这在关中地区周系墓葬中较为流行；铜礼（容）器固定组合为鼎、簋、壶、盘、盉，在千河流域及其周边陇县边家庄[21]、宝鸡姜城堡[22]、宝鸡南阳村春秋秦墓[23]等地都基本为此组合形式。这其中石家铜礼（容）器中盉皆为扁腹，鸟形盖顶。有学者将其归到A型，文化属性上为周文化系统[24]。关中地区边家庄、宝鸡姜城堡等墓地有不同比例发现。石家饰棺串饰遗存中，以铜鱼组（仅出现第一等级墓葬中）+珠贝组+铜铃组为基本搭配，悬挂于“池”下，常见于三门峡虢国墓地[25]、韩城梁带村[26]、澄城刘家洼芮国墓地贵族墓葬中[27]，这其中增加（陶、石）磬形饰为新的元素，组成（陶、石）磬形饰+（铜鱼组）+珠贝组+铜铃组，这类组合形式目前除石家外，仅在陇县边家庄，户县南关春秋墓[28]、宝鸡魏家崖春秋墓[29]中有集中发现，西安以东地区目前尚未发现此类组合。石家流行墓室上方整车殉葬，这一现象在陇县边家庄有类似发现。凡此种种，都说明西周晚期以来石家墓地与关中地区周系墓葬存在密切联系，二者同属于春秋时期周文化谱系范畴。就边家庄墓地、户县南关春秋墓、韩城梁带村、澄城刘家洼芮国墓地等族属，已有学者指出其性质属于周余民[30]。石家墓地与以上墓地所表现出的共性，其族属同为周余民。这一认识对于重新审视该地区两周时期文化格局演进，尤其涉及族群交流、融合与变迁等学术问题具有重要意义。

平王东迁开启了东周一个全新的时代，也昭示着周王室在泾渭地区的全面崩溃。对于渭河谷地所面临的政治形势在《诗经·小雅·雨无正》[31]及《诗经·大雅·召旻》[32]等文献内有详细描述。据李峰考证，如宝鸡前西虢遗址上有小虢，乃是来自遥远西方羌之别种。前周都镐京附近有亳（其邑曰荡社）政权，可能也是起源于西戎的一个部落。骊山地区有骊戎，渭河平原则有大荔戎和彭戏戎等[33]。都说明周室东迁后，该地区被戎占据这样一个事实。不过对于泾河流域，尤其是泾河上游地区，西周灭亡这起重大历史事件对该地区政治格局的影响程度，文献中鲜有提及。我们不妨将目光置于西周晚期这样一个历史背景下来看，猃狁是这一时期周人西北边疆的主要敌人，对泾河上游地区政治格局产生较大影响，多友鼎铭文对此有详细记载，另据《诗经·小雅·采薇》曾对周人抗击猃狁，防卫周都的急迫心理有着极为细致的描绘[34]。反映在考古资料上，甘肃宁县宇村M1西周晚期墓葬随葬有大部分北方系青铜器[35]，李峰据此推断墓主可能来自北方草原的一位新的移居者，或是来自北方的入侵者[36]。甘肃合水何家畔M1西周晚期墓葬随葬一铜鼎，其铭文显示器主为伯硕父，负责管理赤戎及相关北方边境民族事务，而其夫人出自西申[37]。这也从侧面反映出该地区"戎事"的繁多，周人不得不采取"以戎治戎"的措施，来维护周王室西北边疆的稳定。从上述对泾河上游地区西周晚期这一政治态势的简要分析，足以说明周室西北边疆在这一时期面临的严重政治危机。后随着西周灭亡这一政治事件的发酵，周人在泾河上游地区的防御体系完全失控，似乎以猃狁为代表的戎狄势力在该地区真正成为了主人。但透过石家墓地性质来看，周人在春秋时期特别是春秋早期仍有一定的势力，并非晚期文献所载[38]。春秋中期，石家墓地秦文化因素突增，不仅体现在器物特征上，诸如秦式剑、秦式矛等发现；青铜礼器如铜鼎足部多粗壮、张扬、中带箍，铜盆搭配鼎簋组合形式等；日用陶器诸如秦文化典型器——喇叭形口罐更加明显；部分铜器铭文已具秦式文字书写特点。墓葬葬式发生了较大变化，已由春秋早期直肢葬演变为大部分为屈肢葬。车马坑方向亦由南北向转变为东西向，车马埋葬出现了车马同层，作驾乘状等因素[39]。不过由于该区域"周余民"一定势力的存在，秦文化因素虽在春秋中期以来表现出突增态势，但未发生本质变化。甚至在春秋晚期墓葬中，东西向墓葬、腰坑殉人现象等始终尚未见到。这一现象与渭河诸流域"余周为秦"文化演进态势截然不同。不过考虑到该地区已成为"王灵不及"之地，所导致的直接后果是资源供给的严重不足，这尤其表现在青铜资源上的稀缺。石家墓地自西周晚期以来，青铜容器呈现出低锡的特征，特别是春秋早期，低锡器物占比较高。铅料使用上，旧有的矿料在新类型矿料出现后却仍然使用，凸显出边疆地区资源获取困难这一地缘特点。体现在制作技术方面，如焊料的较少使用，分铸比例较少。器物的泥芯，也是直接利用了黄土。大量粗糙的微型明器的使用，如铜簋、壶等器物盖身一体，底部中空，外部多采用二分外范的简单铸型结构等[40]。实际不仅石家墓地，整个关中西部周余民墓葬均呈现出一种窘迫的态势——随葬铜器类组合虽相对完整，但形态较小或较粗糙，反映了青铜原料欠缺的实际状况[41]。

注释：

[1]《左传·昭公十五年》载："晋居深山，戎狄之与邻，而远于王室，王灵不及，拜戎不暇。"见杨伯峻：《春秋左传注》，中华书局，1990年，第1371页。

[2] 甘肃省文物考古研究所：《甘肃宁县石家墓地2016年的发掘》，《考古学报》2021年第3期。

[3]（汉）郑玄注，（唐）贾公彦疏：《周礼注疏》，上海古籍出版社，2010年，第1217页。

[4]（汉）郑玄注，（唐）贾公彦疏：《礼记注疏》，上海古籍出版社，2008年，第1770页。

[5]《仪礼·既夕礼》"属引"郑注云："于是脱载除饰，更属引于缄耳"又"齐人谓棺束为缄……"见（汉）郑玄注，（唐）贾公彦疏：《仪礼注疏》，李学勤主编《十三经注疏（标点本）》，北京大学出版社，1999年，第759页。高崇文认为，棺束末者皆为缄耳者，则应是

棺束两边能贯穿横木或系绑的绳套索，大概与棺束之上的戴、纽相似或就是戴、纽之属。见高崇文：《浅谈楚墓中的棺束》，《中原文物》1990年第1期。

[6] 《仪礼·士丧礼》曰，（士）在殡期间敛棺时，需"升棺用轴"。下葬前，亦要将棺枢迁到祖庙进行朝祖祭奠，即"迁于祖用轴"。见《仪礼·士丧礼》，中华书局，2017年，第425页；《仪礼·既夕礼》，中华书局，2017年，第443页。郑玄对其有详细记载："轴，輁轴也，輁状如床，轴其轮，挽而行。"又云："轴状如转辚，刻两头为轵，輁状如长床，穿桯前后着金，而关轴焉。"见（汉）郑玄注，（唐）贾公彦疏《仪礼注疏》，李学勤主编《十三经注疏（标点本）》，北京大学出版社，1999年，第699页。

[7] 《礼记·丧大记》载："始死，迁尸于床"。见（汉）郑玄注，（唐）贾公彦疏：《礼记注释》，上海古籍出版社，2008年，第1722页。

[8] 山西省考古研究院：《山西黎城西关墓地 M7、M8发掘简报》，《江汉考古》2020年第4期。

[9] 岐山县文化馆、陕西省文管会：《陕西省岐山县董家村西周铜器窖穴发掘简报》，《文物》1976年第5期。

[10] 山西省考古研究所、北京大学考古学系：《天马—曲村遗址北赵晋侯墓地第三次发掘》，《文物》1994年第8期。

[11] 安阳市文物考古研究所：《河南安阳市王古道村东周墓葬发掘报告》，《华夏考古》2008年第1期。

[12] 井中伟：《川渝地区出土铜戈及相关问题研究》，《边疆考古研究》2006年第1期。

[13] 北京大学考古学系、山西省考古研究所：《天马—曲村遗址北赵晋侯墓地第五次发掘》，《文物》1995年第7期。

[14] 张礼艳：《丰镐地区西周墓葬分期研究》，《考古学报》2012年第1期。

[15] 魏强兵：《陇东地区出土两周时期铜器的科学分析与制作技术研究》，北京科技大学博士学位论文，2023年，第51~53页。

[16] 该测年数据尚未发表，其中涉及部分墓葬人骨测年数据现已发表，显示测年校正区间为2742~2490BP。Minmin Ma, Wenyu Wei, Yongan Wang et al. Asynchronicity of dietary transformation in different regions along the Bronze Age Eastern Silk Road, *Palaeogeography, Palaeoclimatology, Palaeoecology*, 2023（610）.

[17] （汉）郑玄注，（唐）贾公彦疏：《礼记注释》，上海古籍出版社，2008年，第335页。

[18] 《礼记·礼器》云："天子崩，七月而葬，五重八翣；诸侯五月而葬，三重六翣；大夫三月而葬，再重四翣。"见（汉）郑玄注，（唐）贾公彦疏：《礼记注释》，上海古籍出版社，2008年，第963~964页。

[19] （汉）郑玄注，（唐）贾公彦疏：《礼记注释》，上海古籍出版社，2008年，第335页。

[20] 《礼记·曲礼下》载："无田禄者不设祭器，有田禄者先为祭服。"见（汉）郑玄注，（唐）贾公彦疏：《礼记注释》，上海古籍出版社，2008年，第153页。

[21] 尹盛平、张天恩：《陕西陇县边家庄一号春秋秦墓》，《考古与文物》1986年第6期；陕西省考古研究所、宝鸡工作站、宝鸡市考古工作队：《陕西陇县边家庄五号春秋墓发掘简报》，《文物》1988年第11期。

[22] 王光永：《宝鸡市渭滨区姜城堡东周墓葬》，《考古》1979年第6期。

[23] 宝鸡市考古工作队、宝鸡县博物馆：《陕西宝鸡县南阳村春秋秦墓的清理》，《考古》2001年第7期；宝鸡市陈仓区博物馆：《陕西宝鸡市陈仓区南阳村春秋秦墓清理简报》，《考古与文物》2005年第4期。

[24] 路国权：《东周青铜容器谱系研究》，上海古籍出版社，2018年，第144、628页。

[25] 河南省文物考古研究所、三门峡市文物工作站：《三门峡虢国墓地（第一卷）》，文物出版社，1999年；河南省文物考古研究院、三门峡市考古研究所、三门峡市虢国博物馆：《三门峡虢国墓地（第二卷）》，文物出版社，2023年。

[26] 陕西省考古研究院、渭南市文物保护考古研究所、韩城市景区管理委员会：《梁带村芮国墓地2007年度发掘报告》，文物出版社，2010年；陕西省考古研究院、渭南市文物保护考古研究所、韩城市文物旅游局：《梁带村芮国墓地2005、2006年度发掘报告》，文物出版社，2020年。

[27] 陕西省考古研究院、渭南县博物馆、澄城县文化和旅游局：《陕西澄城刘家洼芮国遗址东Ⅰ区墓地M6发掘简报》，《考古与文物》2019年第2期；陕西省考古研究院、渭南县博物馆、澄城县文化和旅游局：《陕西澄城刘家洼东周芮国遗址》，《考古》2019年第7期；陕西省考古研究院、渭南县博物馆、澄城县文化和旅游局：《陕西澄城刘家洼春秋芮国遗址东Ⅰ区墓地

M 49 发掘简报》，《文物》2019 年第 7 期。

[28] 曹发展：《陕西户县南关春秋秦墓清理记》，《文博》
1989 年第 2 期。

[29] 宝鸡魏家崖遗址墓地资料目前尚未刊布，仅从零星资
料来看，如 M 2 为春秋早期，"棺、椁之间发现有铜
翣 4 件……沿木棺外周分布有陶（或石）磬形饰、水
滴状穿孔泥珠组成，间以铜鱼、海贝。"见西北大学
文化遗产学院等：《魏家崖遗址》，陕西省考古研究院
2022 年考古年报，2022 年，第 16 ~ 18 页。

[30] 张天恩、刘锐：《春秋早期关中周余民及文化遗存浅
识》，《陕西历史博物馆论丛》2021 年第 00 期；杨博：
《芮国墓葬与"周余民"族群的相关问题》，《殷都学
刊》，2022 年第 3 期。

[31] 程俊英译注：《诗经译注》，上海古籍出版社，1985 年，
第 377 ~ 381 页。

[32] 程俊英译注：《诗经译注》，上海古籍出版社，1985 年，
第 615 ~ 618 页。

[33] 李峰：《西周的灭亡——中国早期国家的地理轭政治
危机》，上海古籍出版社，2006 年，第 310 页。

[34] 程俊英译注：《诗经译注》，上海古籍出版社，1985 年，
第 302 ~ 306 页。

[35] 许俊臣、刘得祯：《甘肃宁县宇村出土西周青铜器》，
《考古》1985 年第 4 期。

[36] 李峰：《西周的灭亡——中国早期国家的地理轭政治
危机》，上海古籍出版社，2006 年，第 209 页。

[37] 袁金平、孟臻：《新出伯硕父鼎铭考释》，《出土文献》
2017 年第 1 期。

[38] 《后汉书·西羌传》载："自陇山以东，及乎伊、洛，
往往有戎"，见（刘宋）范晔撰，（唐）李贤等注：《后
汉书（第一〇册）》，中华书局，第 2872 页。

[39] 邹子婕、王永安：《宁县石家墓地出土铭文铜器及相
关问题》，《考古与文物》2024 年第 5 期。

[40] 魏强兵：《陇东地区出土两周时期铜器的科学分析与
制作技术研究》，北京科技大学博士学位论文，2023
年，第 224、227 页。

[41] 张天恩：《春秋早期关中周余民及文化遗存浅识》，
《陕西历史博物馆论丛》2021 年第 00 期。

第一章

石家墓地
西周晚期墓葬

在石家城北墓区零星发现了西周晚期至两周之际的墓葬，其中M143具有代表性。该墓葬在石家墓地为第二等级墓葬，墓葬墓主可能为士一级贵族。墓葬随葬器物有明显的周文化因素，墓主人应为周人。此外，少量随葬器物有戎文化因素。

# M143

  M143位于石家及遇村遗址城北墓区，为竖穴土坑墓。墓葬平面呈南北向长方形，口小底大，四壁斜直。墓口南北长3.8、南宽2.5、北宽2.6米，墓坑底长3.92、南宽2.76、北宽2.66米，深约7.2米。近墓坑底部发现生土二层台。葬具为一椁单棺和棺架。椁室口大底小，平面近似梯形，椁室口南北长3.3、南宽2.36、北宽2.26、高2.27米。椁室底南北长3.2、宽2.2米。椁室发现铜礼器、车马器、兵器以及陶器、玉器、石器及漆器等遗物。椁室中部偏西置一"目"字形棺架，呈南北向长方形。棺架四角各有一根方形立柱。单棺呈长方形，长1.92、宽0.64米。棺内葬人骨一具，保存状况较为完整，仰身直肢葬。头向北，仰面。棺内发现铜环、玉玦、口琀、玉戈、铜戈、铜剑、铁削刀、箭镞及带扣等遗物。

001    M143：4

**铜鼎**

口径 26cm ｜ 腹径 22cm ｜ 通高 20.7cm

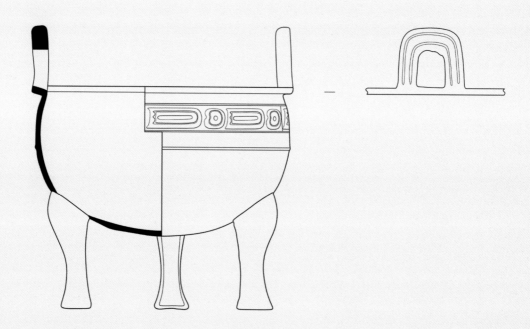

002

**M143：5**

**铜簋**

底径 6.7cm ｜ 通高 5.6cm

003

**M143：18**

**铜戈**

援残长 9、宽 3.5 ~ 4.5cm

内长 6.4、宽 3.8、厚 0.4cm

总残长 15.4cm

004

M143：16

铜戈

援长 13.6、宽 3 ~ 7cm

内长 6.6、宽 3.7 ~ 3.9cm

通长 20.8cm

005

M143：20

铜柄铁剑

通长 22.5cm

宽 1 ~ 2.6cm

006

M143：11

铜辖軎

车軎通长 11.2cm ｜ 宽 1.2cm

车辖通高 11.3cm ｜ 宽 0.6 ~ 2.9cm

007

M143：7

铜马衔（镳）

衔体通长 20.7cm ｜ 镳体通长 13cm

**008**

M143：44

铜马衔

圆环穿径 2cm ｜ 外穿长 1.1、宽 1.7cm ｜ 衔体通长 14.8cm

**009**

M143：32

铜策首（马策组件）

刺长 2.3cm ｜ 銎径 1.1cm
部长 82、径 1.3cm
通长 5.2cm

**010**

## M143：19

### 铜削刀

通长 19.7cm ｜ 背部厚 0.5cm ｜ 刃部厚 0.1cm

**011**

## M143：35

### 铜带扣

长 1.1cm ｜ 宽 1cm ｜ 厚 0.2cm

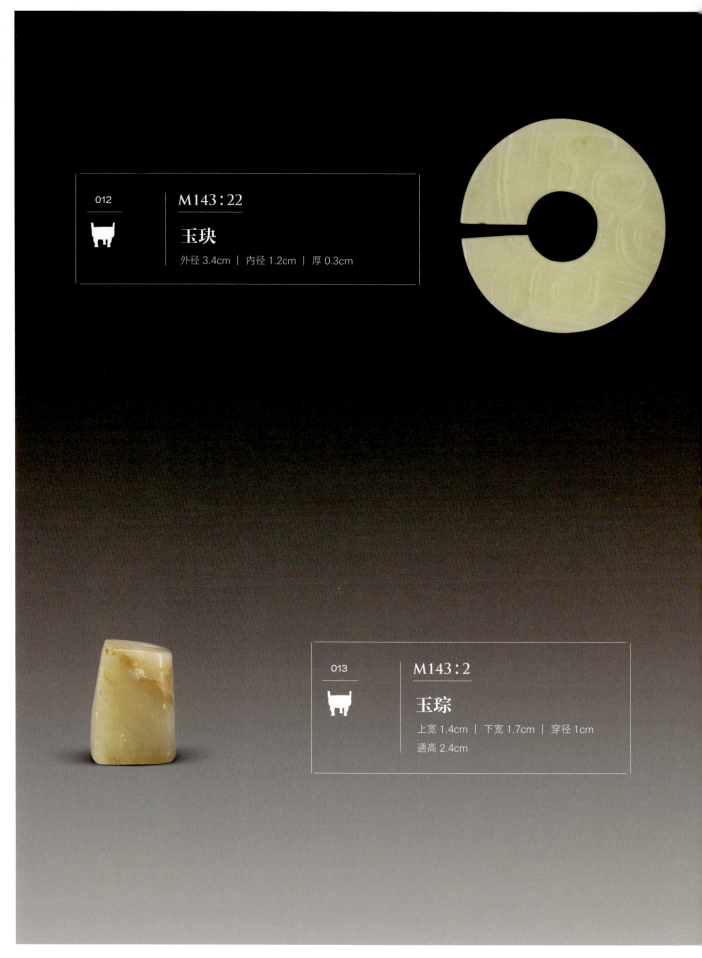

012

M143：22

玉玦

外径 3.4cm ｜ 内径 1.2cm ｜ 厚 0.3cm

013

M143：2

玉琮

上宽 1.4cm ｜ 下宽 1.7cm ｜ 穿径 1cm
通高 2.4cm

014

**M143 : 21**

**玉戈**

通长 8.9cm ｜ 宽 2.2cm

015

**M143 : 23**

**玉人**

宽 0.9 ~ 2.8cm ｜ 厚 0.5cm ｜ 通高 6.8cm

016

M143：1

陶鬲

口径 14.5cm ｜ 通高 11.9cm

017 | M143：37

**圆管骨饰**

长 3.7cm ｜ 直径 0.8cm ｜ 穿径 0.5cm

018 | M143：13

**蚌泡**

直径 2.4cm ｜ 穿径 0.7cm ｜ 高 0.8cm

# 第二章

# 石家墓地
# 春秋早期墓葬

　　春秋早期为石家及遇村聚落的兴盛期，石家城北、城西墓区发现有数量较多且规格较高的墓葬，具有代表性墓葬如M216、M6、M160、M4和M169。这5座墓葬皆为竖穴土坑墓，一椁重棺或一椁单棺，随葬器物包括铜器、玉器、陶器、瓷器、石器、骨器、蚌器、泥器、玛瑙器以及铜铁复合器等。M216和M6为第一等级墓葬，墓葬墓主可能为大夫一级贵族。M160、M4和M169为第二等级墓葬，墓葬墓主可能为士一级贵族。墓葬随葬器物有明显的周文化因素，墓主人应为周人。此外，部分随葬器物有戎文化因素。

# 第一节

# M216

　　M216位于石家及遇村遗址城西墓区，为竖穴土坑墓。墓葬平面呈南北向长方形，坑壁修建规整，四壁斜直，口小底大。墓口长5.6、宽3.7米，底长5.4、宽3.38米。墓圹四周设生土二层台，北、东、西三壁生土二层台下又构筑熟土二层台，以搭建棚木。葬具为一椁重棺。椁室坍塌，椁盖是以东西向圆木搭建于东西熟土二层台上。圆木下发现席子，覆盖于椁室四周。苇席之下围绕串饰遗存呈"冒"形。其组合由陶磬形饰、铜鱼、玛瑙珠、料珠、石贝、铜铃等组成。串饰分布范围内均发现木条遗迹，其中东西两侧串饰范围内可看到南北向上下两层木条，外棺范围内由东至西发现3条南北向木板痕迹，高于外棺盖板，又被东西向棚木所叠压。与串饰内木条遗存共同组成纵横交错的木质框架。外棺顶部平面纺织品以红、黑颜料作画，纺织品腐朽后所剩图案类似云气花纹的图样，可能为"荒"。外棺顶部中央发现一铜翣。北侧头厢置铜礼器、玉器、陶器及石器等遗物。一拆装木车置于头厢西侧至东侧，车上发现车马器。棺内已打包，尚未进行清理。

● M216 随葬铜礼器

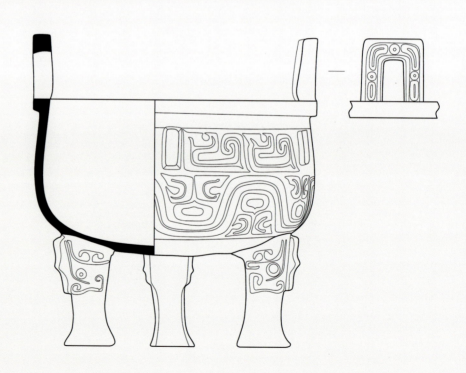

## 019

## M216：3

### 铜鼎

耳高 3.3cm ｜ 耳宽 3.5cm

口径 14.6cm ｜ 腹深 8.2cm

通高 15.4cm

020

**M216：8**

**铜鼎**

耳高 3cm ｜ 耳宽 3.7cm

口径 16cm ｜ 腹深 8.2cm ｜ 通高 16cm

021

M216：7

铜簋

盖径 13.4cm ｜ 纽径 3.4cm

口径 13.4cm ｜ 底径 13cm ｜ 通高 18cm

**022**

**M216：13**

**铜壶**

盖捉手长 9cm ｜ 宽 7.6cm

器口长 8.8、宽 7cm

底长 11.4、宽 8.4cm

通高 28.9cm

023

M216：16

铜盉

流长 4.9、厚 0.35cm ｜ 通宽 10.4cm ｜ 通高 16cm

024

M216：18

## 铜錞

耳高 3.9、宽 3.2cm

口径 18cm ｜ 腹深 13cm ｜ 通高 19cm

025

M216：33

铜盘

耳高 2.9、宽 3.1cm ｜ 口径 15.4cm

腹深 4cm ｜ 通高 8.3cm

026 M216：20

铜鼎

耳高 0.7、宽 1.2cm

口径 4.8cm ｜ 腹深 2.3cm ｜ 通高 4.8cm

027

M216：22

**铜簋**

腹径 2.2cm ｜ 底径 7.8cm

通高 8.8cm

028

M216：34

**铜壶**

口长 3.75、宽 3.4cm ｜ 圈足长 3.1、
宽 2.7cm ｜ 通高 9.5cm

029

M216：17

铜盉

流长 2.9、厚 0.2cm ｜ 通宽 5.6cm

通高 6.8cm

030

M216：109

铜匜

通长 5.8cm ｜ 腹深 1.3cm ｜ 通高 3cm

 031

M216：19

铜盘

口径 6.2cm ｜ 圈足径 5.2cm ｜ 通高 3.4cm

## 032

M216：106

**铜罍**

口径 4.2cm ｜ 最大径 6.8cm

底径 3.1cm ｜ 通高 6.4cm

033

M216：107

# 铜舟

口径 3.4cm ｜ 腹最大径 4.6cm ｜ 通高 3.2cm

**034**

**M216：26**

铜铃

纽高 1.5、宽 1.3 ~ 2cm ｜ 舌长 5.1cm
铃顶宽 4.7cm ｜ 铃底宽 6.1cm
通高 10.1cm

**035**

**M216：41**

铜銮铃

首高 7.6、宽 9.4cm ｜ 颈高 1.8cm
銎座高 7.5cm ｜ 座面宽 4.2cm
侧宽 3cm ｜ 通高 16.9cm

**036**

**M216：24**

**鸟形衡末铜饰**

口径 1.9cm ｜ 通长 8.3cm ｜ 通高 3.8cm

**037**

**M216：32**

**辀軏铜饰**

顶端边长 1.4cm ｜ 銎口边长 2cm ｜ 通高 10.6cm

**038**

**M216：23**

**铜辖軎**

车辖首高 3、宽 3.5cm ｜ 键长 7.4、宽 1.7cm

穿长 4.9、宽 2cm

车軎顶端直径 5.2cm ｜ 銎口直径 4.7cm

通长 13.6cm

**039**

**M216：37**

**铜饰件**

錾口长 4cm ｜ 宽 2.5cm

通高 5cm

**040**

**M216：105**

**铜虎**

通长 5.15cm ｜ 宽 0.9 ~ 1.2cm

厚 0.15cm

● M216 内棺盖板上随葬玉器

041

**M216：67**

**玉磬形饰**

边长 9.2cm ｜ 宽 3.1cm

厚 0.45cm

042

**M216：97**

**玉圭**

长 8.2cm ｜ 宽 1.8 ~ 2.6cm

厚 0.3 ~ 0.6cm

**043**

## M216：66

### 穿孔方形蚌饰

宽 2.5cm ｜ 厚 0.45cm

穿径 0.45cm

**044**

## M216：58

### 陶罐

口径 20.6cm ｜ 最大径 29.9cm

底径 13.1cm ｜ 通高 32.6cm

  M6位于石家及遇村遗址城西墓区，为竖穴土坑墓。墓葬平面呈南北向长方形，口小底大，四壁斜直。墓口南北长5、宽3.2米，底长5.5、宽3.35米，深11.11米。周围可见生土二层台。葬具为一椁重棺。椁顶是先覆盖一层席子，置于二层台之上。席子下可见棚板，由圆木组成，搭建于东西二层台之。圆木之下发现木质框架，围构成"口"字形。椁室底部北端置铜礼器、仿铜泥器及漆器。椁室西侧中部位置发现铜马甲胄。在外棺四周发现饰棺遗存。围绕外棺，分布形状大致呈"目"字形。棺饰遗存由串饰组合、荒帷及铜翣组成。其中串饰遗存由陶磬形饰、料贝、泥珠、铜铃组成。该遗存东西两侧分布范围内，均发现池架遗存。外棺东侧中部发现保存较好荒帷遗存。外棺东西两侧铜翣共发现6处。外棺置于椁室中部偏南，盖板坍塌。外棺内外髹黄漆，长2.5、宽1.1米。外棺内发现原始瓷及玉器。内棺置于外棺内，盖板髹红漆，长2.3、宽0.9米。内棺盖板上发现组玉串饰及单体玉佩饰，其中组玉串饰共5组，从北至南分别为组玉发饰、缀玉幎目、组玉项饰、多璜联珠玉佩、组玉腕饰。单体玉佩饰分布于七璜联珠玉佩北端及东侧，多为动物形象玉佩。内棺墓主人遗骸保存状况极差，葬式不明。

● M6 随葬铜礼器

045 | M6：33

**铜鼎**

耳高 1cm ｜ 耳宽 1.25cm

口径 7.6cm ｜ 腹径 7.5、深 4.65cm ｜ 通高 8.2cm

046

M6：42

## 铜鼎

耳高 1.75、宽 1.9cm

口径 9.35cm ｜ 腹径 9.05、深 5.4cm

通高 9.6cm

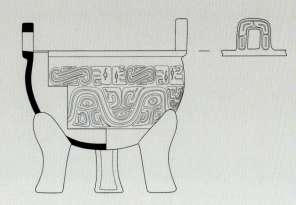

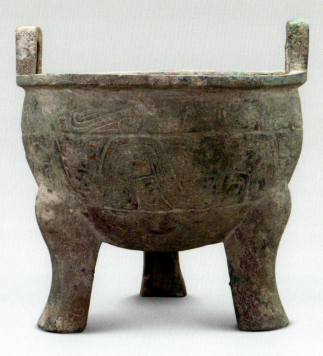

047

M6：30

**铜簋**

捉手径 4.5cm

腹径 10cm

圈足径 7.8cm

支足高 1.2cm

通高 9cm

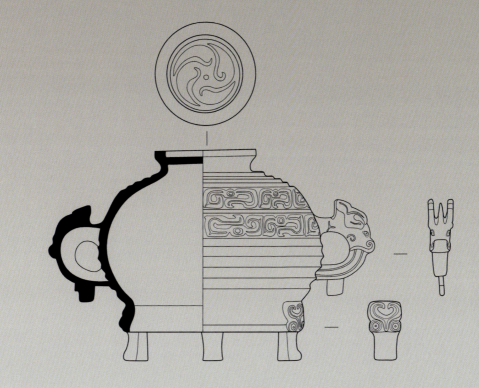

048

M6：28

铜壶

捉手长 5.6、宽 4.2、高 4.7cm

口长 5.6、宽 4.1cm ｜ 腹径 9.75cm ｜ 底长 7.7、宽 5.5cm ｜ 通高 16.1cm

049

M6：31

**铜盉**

腹宽 9cm ｜ 腹深 7.8cm ｜ 腹厚 0.3cm

流长 8.25cm ｜ 足高 2.4cm ｜ 通高 15cm

050

**M6：37**

# 铜盘

口径 13.2cm ｜ 腹径 12.8cm ｜ 圈足径 11cm

支足高 1.1cm ｜ 通高 6.1cm

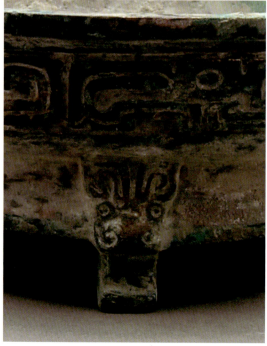

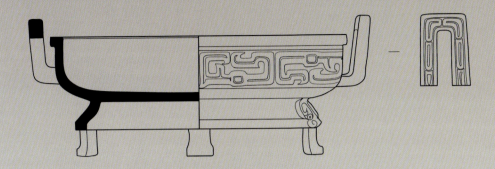

051

M6：29

## 铜簋

捉手径 2.6cm ｜ 腹径 6.9cm ｜ 圈足径 4.4cm
通高 5.8cm

052

M6：59

## 铜马甲

底部宽 24cm ｜ 厚 0.1cm

通高 43.6cm

● M6 内棺盖板上组玉串饰

**053**

**M6：72-1**

**鱼形玉饰**

长 6.92cm ｜ 宽 0.7 ~ 1.1cm

厚 0.25cm

**054**

**M6：72-6**

**牛形玉饰**

长 3.2cm ｜ 宽 2.42cm ｜ 厚 0.37cm

**055**

**M6：72-7**

**兔形玉饰**

长 3.15cm ｜ 宽 1.68cm ｜ 厚 0.47cm

056

M6：72-27

**龙形玉饰**

长 3.8cm ｜ 厚 0.3cm ｜ 高 2.5cm

057

M6：72-19

**虎形玉饰**

长 4.2cm ｜ 宽 1.66cm

厚 0.6 ~ 0.76cm

058

M6：72-21

**人首形玉饰**

最长 3.47cm ｜ 最宽 3.28cm

厚 0.5 ~ 0.72cm

 **059**

M6：72-3

### 三叉形玉饰

长 3.25cm ｜ 宽 0.8 ~ 3.07cm ｜ 厚 0.2 ~ 0.3cm

 **060**

M6：72-35

### 玉圆管

长 5.26cm ｜ 直径 1.4 ~ 1.9cm
孔径 0.48 ~ 0.58cm

061

M6：74

**玉玦**

直径 2.9cm ｜ 孔径 0.9cm

厚 0.62cm

062

M6：69-2

**玉玦**

直径 3.5cm ｜ 厚 0.4cm

063

M6：78

项饰

总长约 53cm

**064**

## M6：78-33

### 璧形玉饰

径长 2.6cm ｜ 厚 0.5cm

孔径 0.2cm

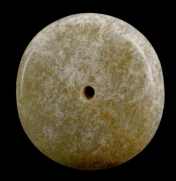

**065**

## M6：78-1

### 束绢形玉牌饰

长 4cm ｜ 宽 2.6 ~ 2.9cm

厚 0.4cm

066    M6：80

组玉项饰

总长约 25cm

067

M6：80-26

### 蚕形玉饰

长 3.22cm ｜ 宽 1.83cm

厚 0.5~0.6cm

068

M6：80-56

### 玉琮

长 1.6cm ｜ 宽 1.1cm

厚 0.8cm

 069

M6：73

七璜玉佩饰

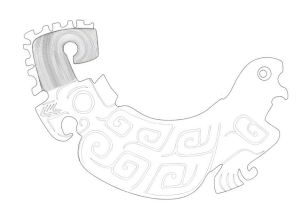

070

鹦鹉形玉佩

M6：73-Y3-1

长 8.1cm ｜ 宽 1.9 ~ 2.3cm

厚 0.3 ~ 0.6cm

071

## M6：73-Y1-2

### 人龙纹玉璜

长 10.5cm ｜ 宽 2.1 ~ 2.2cm

厚 0.4cm

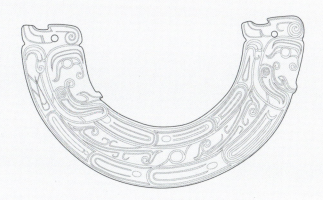

 072 M6：73-Y1-4

**鹦鹉纹玉璜**

长 11.52cm ｜ 宽 2.65cm

厚 0.57cm

073

**M6：73-M2-1**

## 玛瑙珠

长 3cm ｜ 横截面径长 0.9 ~ 1.32cm

074

**M6：73-M2-3**

## 玛瑙珠

长 2.22cm ｜ 横截面径长 1.05 ~ 1.25cm

075

**M6：73-M4-1**

## 玛瑙珠

长 2.4cm ｜ 横截面径长 0.88 ~ 1.2cm

076　

**M6：73-Y2-B-2**

玉管

长 3.58cm ｜ 宽 1.36cm ｜ 厚 1.15cm

077　

**M6：73-Y2-B-3**

玉管

长 2.5cm ｜ 横截面边长 1.22cm

078　

**M6：73-Y2-F-1**

梯形玉管

长 3.1cm ｜ 宽 0.75 ~ 1.28cm
厚 0.85 ~ 1.1cm

079

M6：62-2

"C" 形龙纹玉饰

外径 4cm ｜ 宽 1.3cm

厚 2.5cm

080

M6：62-1

# 条状人形玉饰

长 7.1cm ｜ 穿孔处宽 0.6cm

玉人上端宽 0.9、下端宽 1.6cm ｜ 厚 0.7cm

081

M6：66

玉盒

082

M6：66-1

**玉盒组件**

凸起兽面边长 1.8、厚 0.3 ～ 0.7cm

长 4.5、宽 2、厚 0.5cm

083

M6：66-2

**玉盒组件**

长 4.2、宽 2.1 ～ 2.4、厚 0.4 ～ 0.5cm

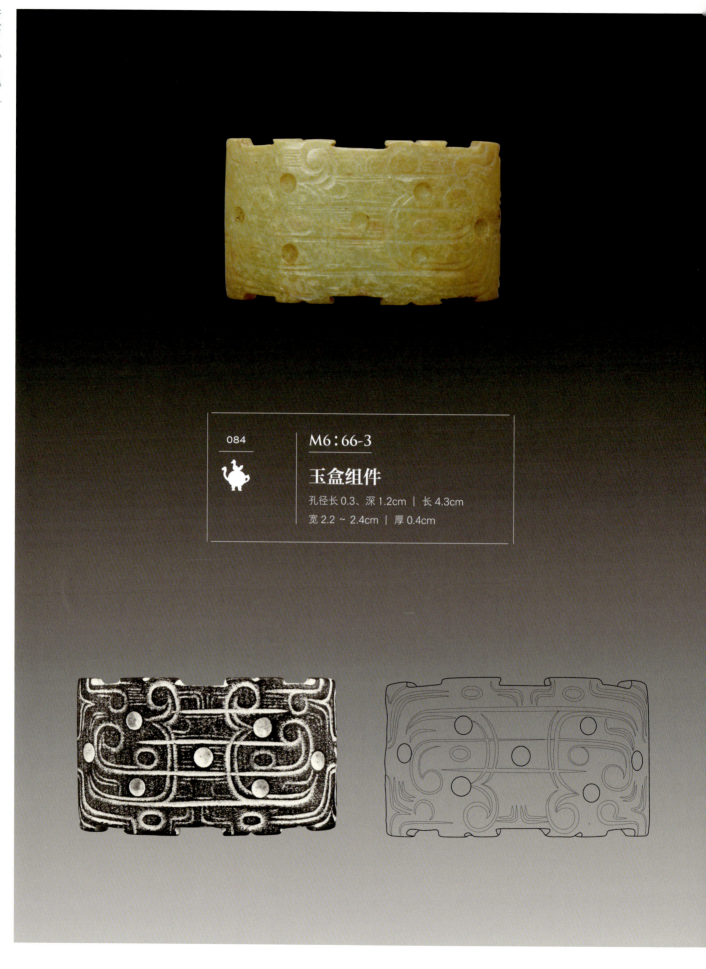

084

M6：66-3

## 玉盒组件

孔径长 0.3、深 1.2cm ｜ 长 4.3cm

宽 2.2 ~ 2.4cm ｜ 厚 0.4cm

085

M6：66-5

# 玉盒组件

长 4.4cm ｜ 宽 0.73 ~ 0.91cm

厚 0.33 ~ 0.85cm

086　　M6：63

**人形玉佩**

上端宽 1.9、厚 1.4cm ｜ 下端宽 2.8、厚 1.9cm ｜ 高 4cm

087　　M6：64

**兔首形玉佩**

长 2.85cm ｜ 上端宽 2.6、下端宽 0.8cm ｜ 厚 1.1cm

088

M6：81

**蚕形玉佩**

长 7.6cm ｜ 宽 0.6cm

厚 0.45cm

089

M6：76

**条形人龙纹玉佩**

长 7.61cm ｜ 上端宽 2.35、下端宽 1.6cm

厚 0.2cm

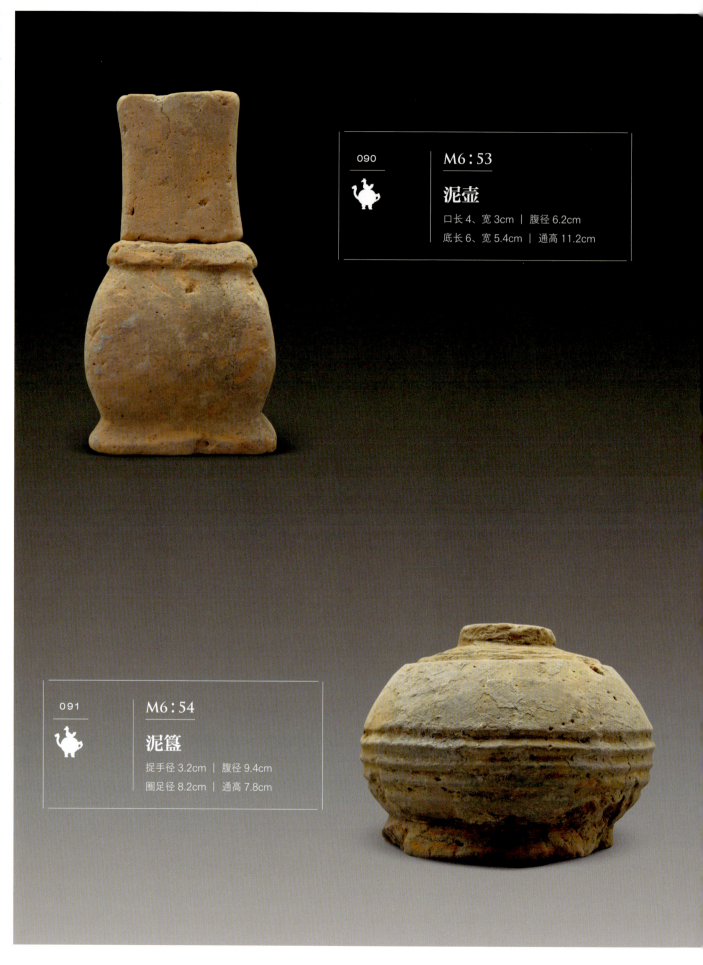

090

M6：53

泥壶

口长 4、宽 3cm ｜ 腹径 6.2cm
底长 6、宽 5.4cm ｜ 通高 11.2cm

091

M6：54

泥簋

捉手径 3.2cm ｜ 腹径 9.4cm
圈足径 8.2cm ｜ 通高 7.8cm

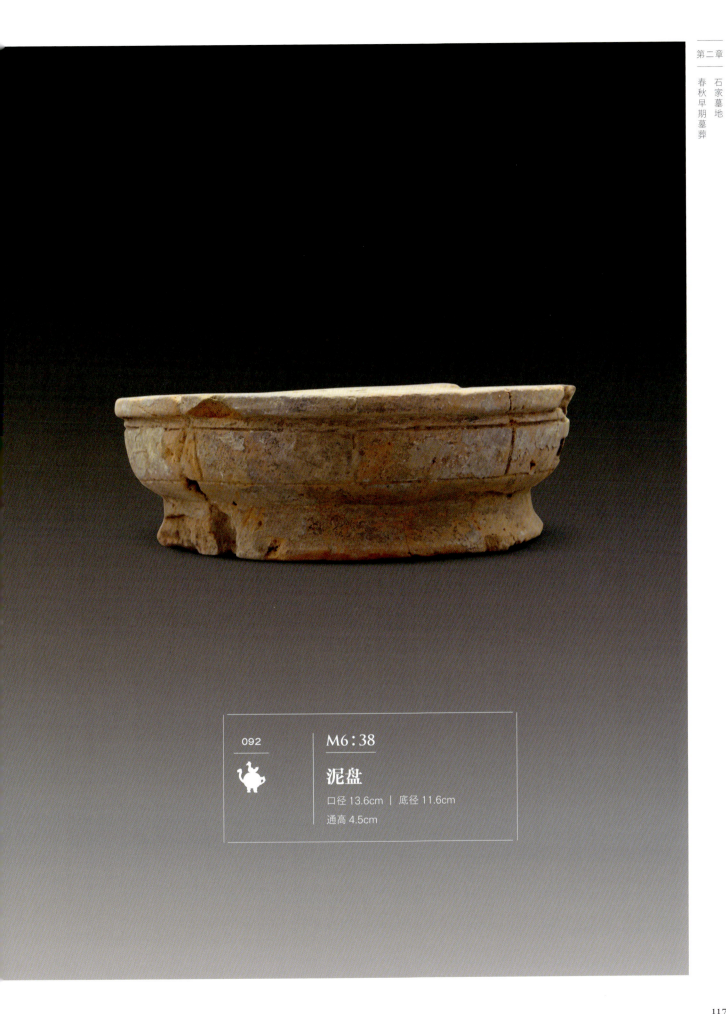

092

M6：38

泥盘

口径 13.6cm ｜ 底径 11.6cm

通高 4.5cm

093

M6：58

石璧

外径 16cm ｜ 孔径 5.8cm

厚 0.7 ~ 0.9cm

094

M6：56

**原始瓷碗**

口径 12.2cm ｜ 底径 5.4cm

通高 3.4cm

095

M6：57

**原始瓷碗**

口径 12cm ｜ 底径 4.8cm

通高 4cm

# 第三节

# M160

　　M160位于石家及遇村遗址城北墓区，为竖穴土坑墓。墓葬平面呈南北向长方形，口大底小，四壁规整斜直。墓口南北长4.2、宽2.55米，墓底长4、宽2.4米，深9.15米。棺架顶部东南见殉狗1具。棺架顶部偏西北殉车1辆，车为拆车，未发现车轮。车舆内出土铜马衔（镳）、铜戈、箭箙及铜马策等遗物。此外周边发现铜衡末饰、辖軎以及衔、镳等遗物。墓室底部铺设草席，残存厚度约0.01米。其上零星可见棺架外围散落的棺饰，诸如龙形铜饰、铜泡等。墓室北端置铜礼器与仿铜泥器，以白色织物进行包裹。礼器上方及周围发现由玛瑙珠、白云石珠及石贝或月牙形石饰组成的串饰遗存。此外，墓室东北角倚立2根长柲，其中1根木柲髹红漆，柲首安装铜矛，总长3.3米，另1根残长近4米，柲首可能安装铜戈。葬具由棺架和单棺组成。其中棺架保存较好，主要由长方形木框及立柱组成。棺架盖板之上见席子，其中席子东北角、西北角发现2件圆形薄铜片，来包裹棺架两角。席子下纺织物痕迹，髹黑漆，上作红彩，可辨几何形图案与棺架四围素面纺织物遗痕组成荒帷。木棺置于棺架内，平面呈"口"形，长2、宽0.74、残高约0.6米。棺内墓主保存较差，头北面东，仰身直肢。棺内随葬铜戈、铜柄铁剑、玉璧及数件兽首衔环扣饰。墓主周围可见残存纺织物遗痕，由外到内约为三层，分别呈红、灰绿及黄色。

● M160 随葬铜礼器

**096**

## M160：47

### 铜鼎

口径 7.4cm ｜ 腹径 7.6cm
足高 3.4cm ｜ 通高 7.6cm

**097**

## M160：75

### 铜鼎

口径 7.8cm ｜ 腹径 7.8cm
足高 4cm ｜ 通高 8cm

098

M160：48

铜簋

捉手直径 1cm ｜ 腹径 7cm

圈足径 6cm ｜ 通高 5.7cm

099

M160：45

铜壶

壶口宽 3.8cm ｜ 圈足宽 4.6cm

通高 10cm

100

M160：53

**铜盉**

腹部最宽处 6.1cm ｜ 流长 3cm

通高 8cm

101 M160：56

铜盘

口径 6.8cm ｜ 通高 4cm

| 102 | M160：94 |
| --- | --- |
| | **铜柄铁剑** |
| | 通长 27.1、柄长 10.1cm |

| 103 | M160：119 |
| --- | --- |
| | **铜矛** |
| | 铜矛长 27.1cm |

M160：23

**铜戈**

援长 14.2cm ｜ 胡高 9.9cm ｜ 内长 8cm ｜ 通长 22.2cm

105

M160：15

**铜虎饰**

通体长 6cm

106

M160：16-2

**铜泡**

直径 2.6cm

107

M160：120

**铜衡末饰**

套管处直径 1.9cm ｜ 管壁厚 0.2cm
通长 5.6cm

108

M160：5

**铜兽面饰**

长 4.1cm ｜ 中部宽 3.5cm ｜ 厚 1cm

109

M160：24

**铜节约**

管长 3.1cm ｜ 管径 1.4cm ｜ 环长 1.4cm

 110

**M160：13**

**铜节约**

空管长 3.2cm ｜ 直径 1.3cm

下方扁圆环长 7.6cm ｜ 宽 5.5cm

 111

**M160：25**

**铜辖軎**

軎通长 15.8cm ｜ 当部径 2.4cm

釜口径约 4.6cm ｜ 辖通高 10.4cm

112

M160：30

**铜马衔（镳）**

镳体长 12.9cm ｜ 最宽处 1.1cm

两端圆环径 2.3cm ｜ 中间互交环径 1.4cm ｜ 通长 21.7cm

113

M160：27-8

**铜策首（马策组件）**

刺长 2cm ｜ 管壁厚 0.2cm ｜ 通长 4.7cm

 114

**M160：27-4**

**铜铃**（马策组件）

通高 3.7cm

 115

**M160：59**

**铜泡**

直径 9.3cm ｜ 厚 0.05cm

116

M160：76

**铜龙形饰**

通长 14.5cm ｜ 厚 0.2cm

**117** | **M160：57**

**泥鼎**

口径 6.7cm ｜ 足高约 3.1cm
残高 5.8cm

**118** | **M160：98**

**泥壶**

通高 7.7cm

119

M160：44

**泥盉**

腹径 4.1cm ｜ 通高 5.8cm

120

M160：52

**泥盘**

口径 7.2cm ｜ 通高 4.2cm

121

M160：17

**辀饰**

球径 3.2cm ｜ 孔径 1.1cm

**122**

**M160：14-2**

## 骨管

铜帽钉长 1.9cm ｜ 骨管长 2.1cm

骨管最大径 1.9cm ｜ 通高 3cm

**123**

**M160：115**

## 骨圭

长 8cm ｜ 最宽处 1.3cm ｜ 厚 0.3cm

**124**

**M160：7**

## 骨小腰

通长 3.6cm ｜ 宽 0.6 ~ 1.4cm

厚 0.5 ~ 0.7cm

# 第四节

# M4

　　M4位于石家及遇村遗址城西墓区，为竖穴土坑墓。墓葬平面呈南北向长方形，口小底大。墓口南北长5.51、南宽3.53、北宽3.6米，墓底长5.69、南宽3.66、北宽3.62米，深约9.8米。墓室近底部留有生土二层台。葬具为一椁重棺。椁盖由圆木组成，横搭于东西二层台之上。其上覆一层竹席。椁底凹凸不平。北侧置铜礼器、车马器、仿铜泥质礼器、漆器、组玉串饰及少量马骨遗存。西南角发现植物种子遗存。椁室中部置重棺。外棺平面呈长方形。南北长2.56、东西宽0.82、整体高约1.23米。内棺置于外棺中部偏东，髹红漆。平面亦为长方形，南北长2.02、东西宽0.52米。围绕外棺四周及顶部发现饰棺遗存，由铜翣、荒帷、串饰物、池架等组成。其中，铜翣1件置于椁盖板竹席上北侧中部，其余3件置于荒帷北侧偏下位置，由北向南纵向排列。8件铜翣角分别置于椁室东西两侧。椁室东侧中部偏南位置发现带有图案的纺织物残痕，可能是荒帷遗存，覆盖于池架之上。池架下串饰物呈"冒"形，由陶磬形饰、料珠、料贝、铜铃组成。内棺墓主人遗骸保存状况极差，仅存头部，朝南。棺内随葬玉玦及1串组玉项饰。

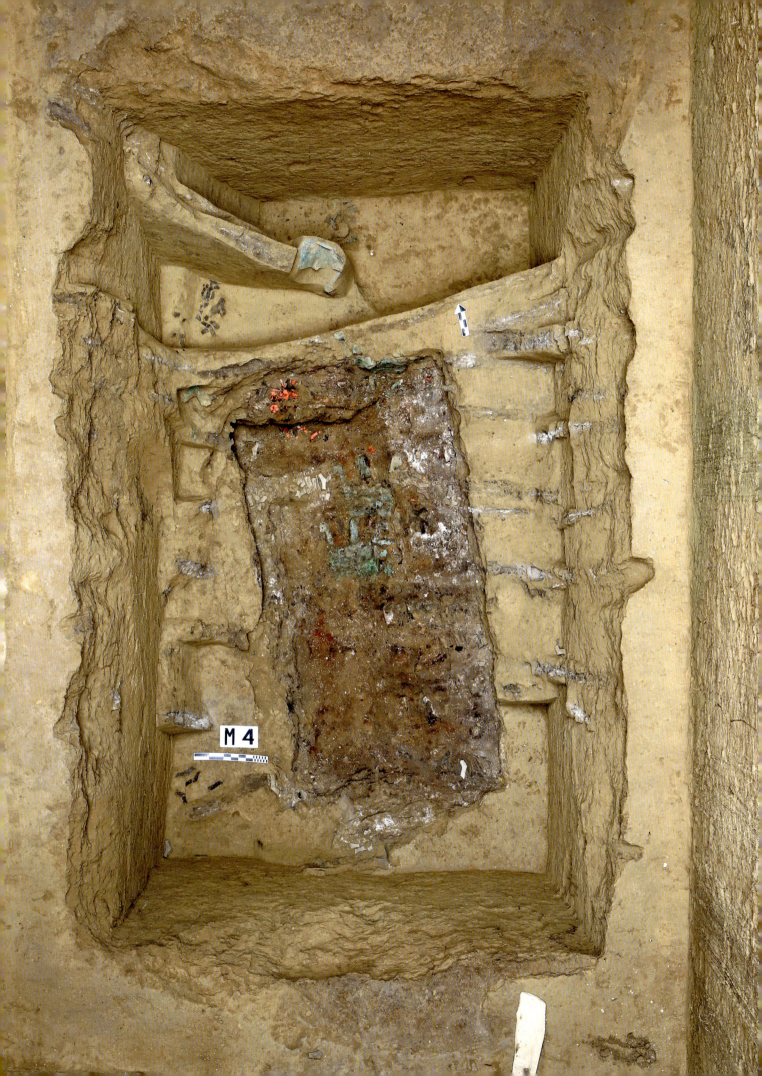

**125**

**M4：31**

**铜鼎**

耳长 1.4、宽 1.7cm ｜ 口径 8.1cm

通高 7.5cm

126

M4：44

铜鼎

耳长 1.7、宽 2.2cm ｜ 口径 7.1cm ｜ 通高 8.5cm

127　M4：43

铜簋

腹径 6cm ｜ 圈足径 4.1cm

通高 5.6cm

128　M4：47

铜簋

腹径 5.4cm ｜ 圈足径 5cm

通高 4.4cm

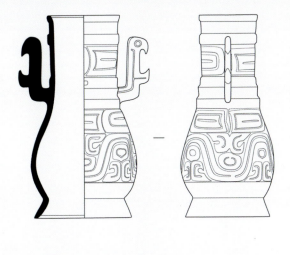

129

M4：36

**铜壶**

盖长 3.9、宽 3.1、高 1.6cm

口长 3.7、宽 3cm ｜ 足高 0.9cm

通高 10.5cm

130　　M4：32

铜盉

腹径 4、厚 1.9cm ｜ 流长 2.3cm

流耳间距 4.7cm ｜ 通高 6.1cm

131

**M4：33**

**铜盉**

腹径 6.1、厚 1.2cm ｜ 流长 3.5cm

流耳间距 6.4cm ｜ 通高 8.9cm

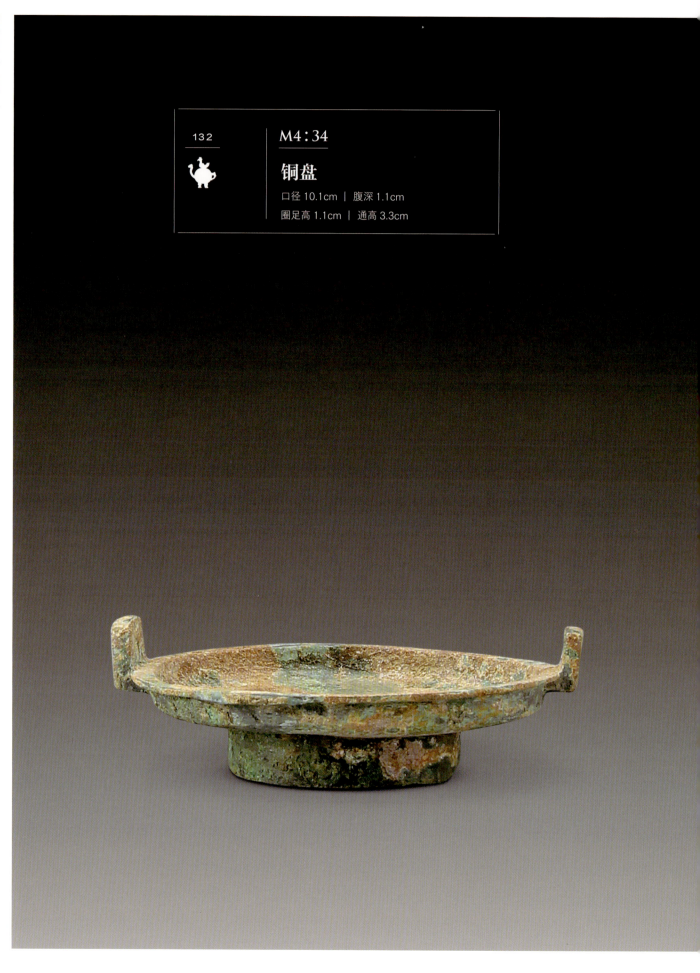

132

M4：34

铜盘

口径 10.1cm ｜ 腹深 1.1cm

圈足高 1.1cm ｜ 通高 3.3cm

| 133 | M4：56 |
|---|---|
| | **玉玦** |
| | 外径 4.9cm ｜ 内径 1.8cm |
| | 厚 0.4cm ｜ 宽 1.55cm |
| | 缺口宽 0.3cm |

| 134 | M4：62 |
|---|---|
| | **玉管** |
| | 细端外径 2cm ｜ 粗端外径 2.2cm |
| | 孔径 1.3cm ｜ 高 2.1cm |

135 M4：55

组玉串饰

周长 38cm

# 第五节

# M169

　　M169位于石家及遇村遗址城西墓区，为竖穴土坑墓。墓葬平面呈南北向长方形，口小底大，墓壁斜直且规整。墓口南北长5.2、南宽2.7、北宽3.13米。墓底南北长5.3、南宽3.1、北宽3.15米，深约6米。墓坑近底部见生土二层台。M169墓内葬具为一椁单棺。椁室口大底小，平面近似梯形。椁室北侧置铜礼器。围绕木棺发现饰棺遗存。其中荒帏遗存置于木棺之上，丝织物经纬结构清晰，以黑红二色勾绘图案。串饰物置于木棺四周及盖板中部以上，由陶磬形饰、料贝、料珠及铜铃组成，呈"日"字形结构。铜铃4件，分置于木棺东侧中部、东南角、西南角及西侧中部。串饰物遗存分布周围发现木条遗存，同样呈"日"字形结构，应是悬挂串饰物之池架遗存。木棺置于椁室北端偏东的位置。平面呈长方形，南北长2、东西宽0.6、残高0.61米。棺盖板外侧髹黑漆，内侧髹红漆。棺底板下近南、北两端置2根东西向枕木，其上发现棺床，平面呈长方形，南北长2.21、东西宽0.91米。棺内葬人骨一具，保存状况差。侧身直肢葬，头向北，面朝西。棺内随葬铜戈、口琀、玉戈及玉环等遗物。

● M169 随葬铜礼器

**136**

M169：13

**铜鼎**

耳高 2.1、宽 2.4cm ｜ 口径 9.6cm ｜ 通高 11.6cm

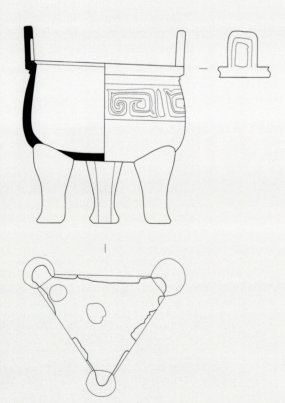

| 137 | M169：19 |
| --- | --- |
| | **铜簋** |
| | 口径 3.5cm ∣ 圈足径 6.2cm |
| | 腹径 8.4cm ∣ 通高 6.7cm |

138

M169 : 18

**铜盘**

口长径 7.5、短径 6.4cm

圈足底径 4.9cm ｜ 通高 4.6cm

139

M169：14

## 铜盉

通宽 11.2cm ｜ 厚 1.8cm ｜ 通高 10.2cm

140

M169：16

**铜壶**

口长 2.9、宽 2.3cm
底长 4.9、宽 3.6cm
高 9.3cm

**141**

M169：28

## 铜觯

口径 5cm ｜ 腹径 6.9cm ｜ 底径 3.2cm ｜ 通高 5.7cm

142

M169：5

**铜车辖**

辖键长 8、宽 1.1cm

通长 11.1cm

厚 1.9cm

143

M169：12

铜剑

剑身长 15.9、宽 2.2cm ｜ 柄长 9.5cm

通长 25.4cm ｜ 厚 0.5cm

春秋中期石家城北、城西墓区发现数量较多且规格较高的墓葬，具有代表性墓葬如M218、M38、M167、M35和M32。这5座墓葬皆为竖穴土坑墓，一椁重棺、一椁单棺和无棺椁的墓葬皆有，随葬器物包括铜器、金器、玉器、陶器、石器和骨器等。M218和M38为第一等级墓葬，墓葬墓主可能为大夫一级贵族。M35和M167为第二等级墓葬，墓葬墓主可能为士一级贵族。M32为第三等级墓葬，墓葬墓主可能为平民。墓葬以周文化为主体，较春秋早期墓葬出现大量秦文化因素。此外，墓葬中仍有少量戎文化因素。

第三章

石家墓地
春秋中期墓葬

# M218

　　M218位于石家及遇村遗址城西墓区，为竖穴土坑墓，盗掘未遂。墓葬平面呈南北向长方形。四壁斜直，口小于底。口长6、宽4米，底长6.2、宽3.9米，深约13.5米。墓圹近底部南北两端有生土二层台，东西两侧留有熟土二层台。葬具为一椁重棺。椁室北端中部置陶器与漆器。椁室内发现髹漆池架遗存，其上覆盖有"荒"。椁室东北角斜立一髹黑漆木柲，首尾分别套接铜殳和铜镦。椁室东侧中部延伸至东南角、西侧大部分区域发现髹红漆皮革遗存，表面粘贴或穿系铜泡、铜饰片及条形骨饰等。西侧髹漆皮革遗存下发现泛黄木质箭箙、箭镞、铜殳、铜戈等遗物。东侧髹漆皮革遗存下，发现木质箭箙、金虎饰、铜虎饰、箭镞、铜戈及铜铁复合式戈等遗物。椁室南端中部置铜礼（容）器、玉器以及骨器。围绕木棺东西两侧置铜翣（角）11件。以石磬形饰、石贝、泥珠、铜鱼、铜铃组成的串饰，置于木棺东西两侧。外棺置于椁室中偏西，髹黑漆。平面呈长方形，长2.28、宽1.3米。内棺置于外棺东侧内，髹红漆，以黑彩勾绘图案，已漫漶不清。平面呈长方形，内棺长1.78、宽0.87米。内棺盖板中部偏北位置发现1件铜钺，銎孔内残存有已朽木质榫头痕迹。西侧偏南发现一件玉戈。内棺墓主人保存状况较差，头部被盖板压扁。侧身屈肢，头朝北，面朝西。身旁发现1件带柲铜戈，柲髹红漆。墓主人一侧及身下，发现条形玉饰件。

● M218 随葬铜礼器

144

M218：3

## 铜鼎

耳高 3.7、宽 4cm ｜ 口径 18cm

腹深 8.5cm ｜ 通高 17.8cm

145

## M218：4

### 铜鼎

耳高 3.7、宽 4cm ｜ 口径 18cm ｜ 腹深 8.5cm

通高 17.8cm

146

**M218：16**

**铜鼎**

耳高 3.7、宽 4cm ｜ 口径 18cm

腹深 8.5cm ｜ 通高 17.8cm

147

**M218：17**

# 铜簋

盖捉手长径 8.6、短径 7.3cm

盖口长径 17.6、短径 13.3cm

耳高 5.8、宽 3.6cm

腹最大径 19.7cm

圈足长径 16.8、短径 12.4cm

通高 16.6cm

148

## M218：23

### 铜簋

盖捉手长径 8.6、短径 7.3cm

盖口长径 17.6、短径 13.3cm

耳高 5.8、宽 3.6cm

腹最大径 19.7cm

圈足长径 16.8、短径 12.4cm

通高 16.6cm

149

M218：12

铜鬲

口径 10.2cm ｜ 通高 10cm

 150

M218：13

铜甗

盆口径 22cm ｜ 最大腹径 24cm ｜ 通高 31cm

151

**M218：9**

# 铜壶

盖捉手长 12.5、宽 10.4cm

口长 10.9cm

圈足长 15.8、宽 12.5、高 3.4cm

通高 31.8cm

152

M218：11

## 铜盘

口径 29cm ｜ 圈足径 26.5cm ｜ 高 13.3cm

189

153

M218：23

铜匜

流口径 4.8cm ｜ 通高 13.6cm

154

M218：15

**铜盂**

捉手径 6cm

盖口径 17.7、高 6cm

器身口径 17.7cm

底径 10.7cm

腹最大径 19.8cm

通高 16.5cm

155

M218：96-1

铜戈

援长 11.5、宽 3.2cm ｜ 阑长 10.4cm
内长 7.2、宽 3.3cm ｜ 厚 0.5cm
通长 18.68cm

156

M218：67

铜钺

长 15.2cm ｜ 宽 6.5cm ｜ 厚 0.8cm
銎孔长 2.3、宽 1.6cm

157 　M218：86

**铜虎**

通长 8.2cm ｜ 宽 4.6cm ｜ 厚 0.1cm

158 　M218：90

**金虎**

通长 4.8cm ｜ 宽 2.4cm ｜ 厚 0.1cm

 159

M218：99-1

**铜策首**

通长 5.9cm ｜ 銎口长径 4.3cm

短径 3.3cm

160

**M218：78**

**骨饰**

长 5.9cm ｜ 宽 2.2cm ｜ 厚 0.7cm

M218：26

## 陶罐

口径 12cm ｜ 腹最大径 28.8cm

底径 14.8cm ｜ 通高 32.6cm

M38位于石家及遇村遗址城西墓区，为竖穴土坑墓，被盗。墓葬平面呈南北向长方形。墓口长5.6、宽3.7米，墓底长5.4、宽3.38米，深度为9.2米。墓圹北壁有两列纵向脚窝。墓圹四周近底部发现生土二层台。椁室盖板坍塌，是以东西向木板搭建于东西二层台之上，木板之间密封。椁壁板紧贴于二层台以下四壁，椁底板东西横向铺砌。椁室中东部区域遭盗扰。椁室西壁北端发现纵向排列铜礼（容）器及陶器。围绕木棺，椁室西壁侧置铜翣角4件。东壁侧置铜翣角3件。以大量石磬形饰、石贝、泥珠，少量铜鱼、费昂斯珠、玛瑙珠、石珠、铜铃组成的串饰遗存，分布于木棺东、西两侧，其分布范围内及器物表面多附着有朱色颜料，可能为荒帷残留的红色图案印痕。串饰遗存西侧分布范围及东壁偏北区域清晰可见木条或木架遗存，其中木架遗存由竖向、横向髹红漆木条搭建而成，可能是文献记载的墙柳。其下发现串饰，原是池架上悬挂的缀饰物。葬具为重棺，置于椁室中部东侧。椁室南端发现残存木板痕迹，为外棺，平面呈长方形，残长1.3～1.56、宽2米。内棺置于外棺中部位置，髹红漆，平面呈长方形，残长0.5～0.88、宽1.3米。棺内人骨被盗，无存。

● M38 随葬铜礼器

**M38：39**

# 铜鼎

耳高 4.1 ~ 4.2、宽 3.2cm

口径 15.7cm

腹深 6.6cm

通高 13.8 ~ 14.1cm

# 铜鼎

耳高 4.6、宽 4.4cm ｜ 口径 18.7cm

腹深 8.4cm ｜ 通高 15.6cm

164

M38：49

# 铜簋

盖口长径 15.2、短径 13cm ｜ 捉手径 4.9cm ｜ 盖高 5.8cm

器口长径 14、短径 12.5cm ｜ 圈足径 11.9cm ｜ 足高 1cm

通高 15.4cm

165

M38:35

# 铜盆

盖口径 22.9cm ｜ 捉手径 6.6cm ｜ 盖高 4.7cm

器身口径 22.4cm ｜ 腹最大径 23.9cm ｜ 底径 11.9cm

通高 24.5cm

166

M38：33

**铜鍑**

耳高 3.9、宽 3.2cm

口径 18cm

腹深 12.1cm

通高 18.9cm

 **167**　**M38：34**

**铜簠**

耳高 4 ～ 4.5、宽 3.7cm

口径 23.3cm ｜ 底径 21.2cm

足高 1cm ｜ 通高 9.1 ～ 10cm

 **168**　**M38：26**

**石圭**

通长 11.1cm ｜ 边宽 2.2cm

厚约 0.5cm

# 第三节

# M167

　　M167位于石家及遇村遗址城西墓区，为竖穴土坑墓。墓葬平面呈南北向长方形，口小底大，墓壁斜直。墓口南北长4.4、东西宽3米，开口距地表1.25米。墓坑底部南北长5、东西宽3.4，距开口9.43米。墓坑北壁发现上下两列脚窝。M167墓内葬具为木质一椁重棺，位于墓室中部。椁室平面呈长方形，口大底小，由盖板、四周侧板和底板构成。椁盖上方覆一层席子，席下发现东西向棚木，搭建于东西向二层台之上。椁室北侧西端发现铜礼器及盾钖等遗物。椁室中部置重棺，内外棺均髹黑漆，呈南北向长方形。外棺长2.1、宽1.6米，内棺长1.7、宽0.8米。棺内葬一人，保存较差。为侧身屈肢葬，头朝北，面朝西，双腿向西弯曲。棺内置铜戈、铜剑、铜镜、铜刀以及陶圭等遗物。

M167

● M167 随葬铜礼器

| 169 | M167：3 |
| --- | --- |
| | **铜鼎** |
| | 耳长 1.7、宽 1.7 ~ 2cm |
| | 口径 11.5cm ｜ 足高 4.5cm |
| | 通高 10.6cm |

170

M167：6

铜舟

口长径 11.58、短径 8.64cm

底长径 8.7、短径 5.74cm

高 7.13cm

171

M167：23

铜镜

直径 5.46cm ｜ 厚 0.2cm

纽高 0.62cm

172

M167：27

# 铜剑

首部宽 3.3cm ｜ 茎部宽 1.77cm

格部宽 3.34cm ｜ 身宽 2.63cm

厚 0.5cm ｜ 通长 24.52cm

173

M167：28

# 铜戈

援长 11.7、宽 4.2cm ｜ 内长 7.2、宽 3.32cm ｜ 厚 0.41cm

秘部总长 86.7cm ｜ 宽 4.2cm

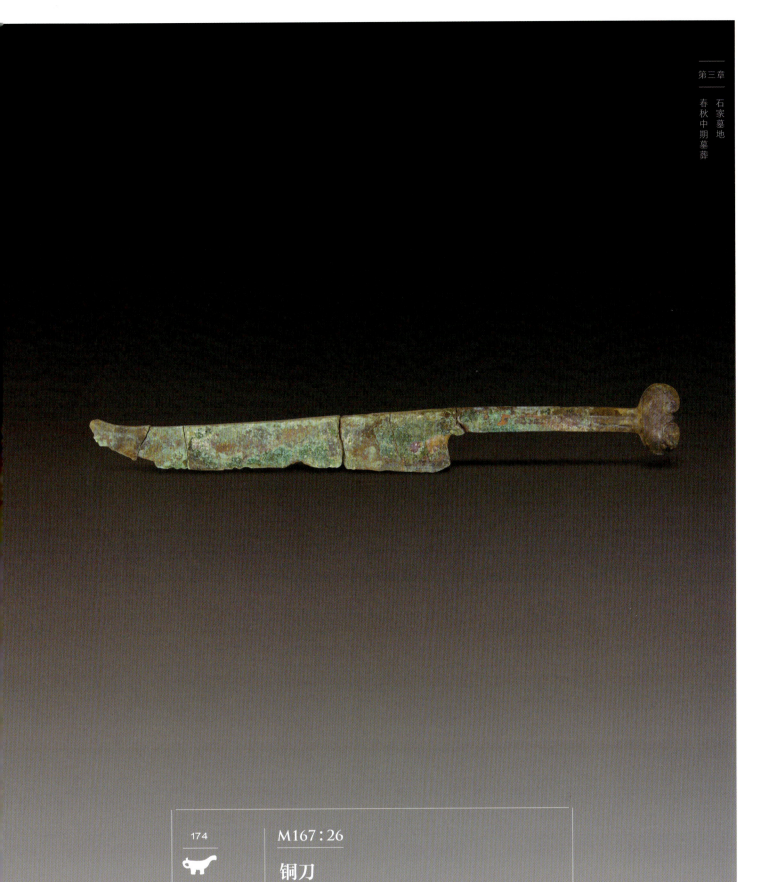

174

M167：26

# 铜刀

刀身长 11.27cm ｜ 背部厚 0.5cm ｜ 刃部厚 0.06cm
柄部长 6.93cm ｜ 通长 18.3cm

# 第四节

# M35

　　M35位于石家及遇村遗址城西墓区，为竖穴土坑墓。墓葬平面呈南北向长方形。墓口长5.3、宽3.5米，墓底长4.7、宽3.3米。墓圹近底部南北两端有生土二层台，墓口至二层台四壁斜直，口小底大，深度为6.6米。葬具为一椁重棺。椁盖是东西向木板搭建于东西椁壁板之上。南北挡板紧贴于南北二层台之下。底板以东西木板横向铺砌。椁室东南角淤土较高位置发现大量髹红漆漆皮，可能为漆盾遗存。椁室北侧置铜礼器、车马器、兵器及骨器等遗物。围绕木棺东、西两侧置铜翣（角）各3件，南北两端为翣角，中部置完整铜翣。木棺东、西两侧以陶磬形饰、陶珠、泥贝及个别铜铃组成串饰遗存，呈一串饰组表面多附着朱色颜料痕迹，可能是荒帷残留的红色图案印痕。在分布范围内可看到分布形状相同的木条遗迹，可能是池架遗痕。内外棺周围四角发现骨簪，均已残。外棺置于椁室偏西南，未髹漆，平面呈长方形，长2.9、宽1.44、残高约0.16米。外棺盖板西侧中部置6件陶圭。内棺置于外棺中部，盖板内外均髹红漆，并以黑彩勾绘几何纹饰，平面呈长方形，长2.34、宽0.84、残高约0.12米。内棺发现人骨1具，侧身屈肢，头向朝北，面向朝东。棺内置铜戈、铜短剑及玉饰等遗物。

● M35 随葬铜礼器

175

M35：34

**铜鼎**

耳长 3.8、宽 2.7cm

口径 15cm

腹深 6cm

通高 14cm

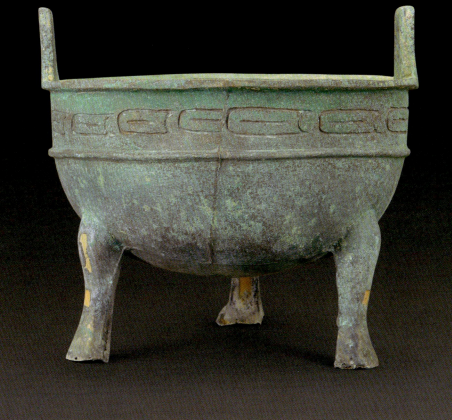

**176**　　M35：39

**铜鼎**

耳长 3.8、宽 3.5cm

口径 16.6cm

腹深 8.6cm

通高 16.6cm

177

M35：40

# 铜盉

盖沿径 20.8cm ｜ 捉手直径 5.2、高 5.3cm

器身口径 20.5cm ｜ 底径 10.8cm

腹最大径 20.8cm ｜ 通高 15.5cm

178  M35：60

铜剑

通长 25.5cm ｜ 身最宽 2.9cm

179

M35：16

铜戈

援长 12.2、宽 3.2cm

内长 7.3、宽 3.1cm

厚 0.4cm ｜ 通长 19.5cm

180

M35：29

# 铜戈

援长 12.0、宽 3.3cm

内长 7.5、宽 3.2cm

厚 0.4cm｜通长 19.5cm

|  181 | M35：17 |
|---|---|
| | **铜矛** |
| | 通长 15.0cm |
| | 叶长 9.0cm |
| | 骹长 6.0cm |
| | 骹銎径 1.7cm |

|  182 | M35：19 |
|---|---|
| | **铜矛** |
| | 通长 27.8cm |
| | 叶长 16.5cm |
| | 骹长 11.3cm |
| | 骹銎径 2.1cm |

| 183 | M35：48 |
|---|---|
|  | **铜盾钖** |
| | 底径 8.2cm｜高 1.5cm |

184

M35：32

**铜马衔（镳）**

衔体圆环穿径 2.5cm

互交圆环穿径 1.0cm

衔体通长 12.6cm

镳圆环穿径 1.7cm

鼻穿高 0.7cm

镳体长 14.8、宽 1.2cm

## 第五节

# M32

　　M32位于石家及遇村遗址城西墓区，为竖穴土坑墓。墓葬平面呈南北向长方形，四壁较斜直，口略大于底。墓口长1.8、宽1米，墓底长1.7、宽0.6米，距墓口深约4米。墓室近底部西侧留有生土二层台，上立一南北向木板，木板长1.7、宽0.25、厚0.2米。墓室底部葬一人，侧身屈肢葬，头向北，面朝东南。墓主人颈椎东侧发现铜戈1件，右臂位置发现石圭5件。

185

M32：1

**铜戈**

援长 11.3、宽 3cm｜内长 6.2、宽 3cm

厚 0.4cm｜通长 17.5cm

186

M32：5

**石圭**

通长 14.8cm ｜ 宽 2.8cm ｜ 厚 0.6cm

**M143：4　铜鼎**

口径 26cm ｜ 腹径 22cm ｜ 通高 20.7cm

口微敛，折沿内斜，方唇，方形立耳，深腹圜底，三蹄足收拢于底部。耳饰简化重环纹，腹中有一周凸棱将其分为上、下两部分，其中上腹部饰衔珠重环纹。

**M143：5　铜簋**

底径 6.7cm ｜ 通高 5.6cm

盖与器身浑然一体。顶部整体呈圆弧形，顶端为圆形凸起，以作捉手。器身整体呈盂形，双耳已蜕化为錾，近底部外撇形成底座，无底，内填充范土。腹部通体饰瓦垄纹。

**M143：18　铜戈**

援残长 9、宽 3.5 ~ 4.5cm ｜ 内长 6.4、宽 3.8、厚 0.4cm
总残长 15.4cm

援部朝左，残，三角形锋，援部斜直，中厚两侧薄无明显脊棱，援末有一穿，短胡一穿，内部呈平行四边形，中有一横穿。

**M143：16　铜戈**

援长 13.6、宽 3 ~ 7cm ｜ 内长 6.6、宽 3.7 ~ 3.9cm ｜ 通长 20.8cm

残，援作三角形，中脊明显，援部近末端中部有一圆穿，上下各一长方形穿，内部呈长方形，中有一横穿。

**M143：20　铜柄铁剑**

通长 22.5cm ｜ 宽 1 ~ 2.6cm

剑身为铁质，锈蚀严重，呈圭形，中间较厚，两侧较薄，柄部为铜质，宽格，茎部内收。格部饰兽面，转角处较圆弧，柄茎与柄首有镂空，饰兽面纹，柄茎两侧有不对称突齿。

**M143：11　铜辖軎**

车軎通长 11.2cm ｜ 宽 1.2cm

车辖通高 11.3cm ｜ 宽 0.6 ~ 2.9cm

车軎呈圆筒形，顶端封闭且较小，下端中空，銮口较大，一侧有豁口。器身上端呈划分均匀的十边形。中有两凸棱，近銮口处两侧有对称呈长方形竖穿，为插辖之用。车辖首部为一简化兽面，下侧有呈曲尺形对穿，首部下接近似刀把形辖键。

036

**M143：7　铜马衔（镳）**

衔体通长 20.7cm ｜ 镳体通长 13cm

衔有 2 件，两端均有环，一端两环互交，一端环中插镳，其中内环近似椭圆，外环呈圆形，且内环小于外环。镳体呈弧形，一端较宽，内侧附有两拱形穿，内侧饰斜向凸弦纹。

037

**M143：44　铜马衔**

圆环穿径 2cm ｜ 外穿长 1.1、宽 1.7cm ｜ 衔体通长 14.8cm

衔由 2 件两端均有环或穿的衔体组成，一端两环互交，一端穿中便于插镳，其中内环近似圆形，外穿呈长方形，且内环大于外穿。衔体有刺状突起。

038

**M143：32　铜策首（马策组件）**

刺长 2.3cm ｜ 銮径 1.1cm ｜ 部长 82、径 1.3cm

通长 5.2cm

上端呈短管状，下端有三角形锥状刺，上端两侧有小钉孔。

038

**M143：19　铜削刀**

通长 19.7cm ｜ 背部厚 0.5cm ｜ 刃部厚 0.1cm

略残。由柄部与刀身构成。其中柄部呈"T"形，刀身较直，背部厚钝，刃部有豁口，锋部已残。柄首饰回形纹。

039

**M143：35　铜带扣**

长 1.1cm ｜ 宽 1cm ｜ 厚 0.2cm

3 件。正面隆起，饰一兽面，鼻孔穿环，背部中空，中有一横梁。

039

**M143：22　玉玦**

外径 3.4cm ｜ 内径 1.2cm ｜ 厚 0.3cm

青白玉，质地细腻，透明。玉璧形，一侧有缺。一面饰重环纹及残缺不全夔龙纹，一面为素面，属二次改制器。

........................................................................ **040**

**M143：2　玉琮**

上宽 1.4cm ｜ 下宽 1.7cm ｜ 穿径 1cm ｜ 通高 2.4cm

白玉，有黄褐色斑，透明。外方内圆，截面呈梯形，上小下大，中穿一孔，为单面钻制。上下近两端以阴线勾绘出轮廓，其中对称两面饰竖线纹。

........................................................................ **040**

**M143：21　玉戈**

通长 8.9cm ｜ 宽 2.2cm

青白玉泛黄，质地细腻，透明，近内部受沁。三角形锋，直援，援末有一圆形穿，为单面钻制，内部略向内收。

........................................................................ **041**

**M143：23　玉人**

宽 0.9 ~ 2.8cm ｜ 厚 0.5cm ｜ 通高 6.8cm

略残。青玉，透明，质地细腻，部分区域受沁呈现黄褐色。近梯形，两面阴刻，为一神人侧面形象，发髻处已残，大致呈曲尺形，似经挽起，圆眼凸起，"S"形大耳，鼻与耳处各有一穿孔。

........................................................................ **041**

**M143：1　陶鬲**

口径 14.5cm ｜ 通高 11.9cm

夹砂灰陶。敛口，折沿内斜，方唇，弧裆，裆部较低，锥足。沿内外饰两周弦纹，腹部通体饰竖向绳纹。

........................................................................ **042**

**M143：37　圆管骨饰**

长 3.7cm ｜ 直径 0.8cm ｜ 穿径 0.5cm

整体呈圆柱体，中部有对穿圆孔。

........................................................................ **043**

**M143：13　蚌泡**

直径 2.4cm ｜ 穿径 0.7cm ｜ 高 0.8cm

共 2 件，平面呈圆形，顶部隆起，底部平整，中穿孔。器表以阴线刻划旋涡纹。

043

 ｜ **M216**

**M216：3　铜鼎**

耳高 3.3、宽 3.5cm ｜ 口径 14.6cm ｜ 腹深 8.2cm ｜ 通高 15.4cm

直口，平沿，方唇，方形立耳，垂腹，上腹部饰有扉棱，圜底趋平，蹄足，蹄足饰扉棱。纹饰立耳外侧饰简化重环纹、珠纹组合，上腹部饰无目窃曲纹，下腹部饰无褶皱波带纹，内填充眉口组合装饰，蹄足上部围绕扉棱饰一兽面纹。双耳与两蹄足未在一条直线上。

051

**M216：8　铜鼎**

耳高 3、宽 3.7cm ｜ 口径 16cm ｜ 腹深 8.2cm ｜ 通高 16cm

直口，平沿，方唇，方形立耳，垂腹，上腹部饰有扉棱，圜底趋平，蹄足，蹄足饰扉棱。纹饰立耳外侧饰简化重环纹、珠纹组合，上腹部饰无目窃曲纹，下腹部饰无褶皱波带纹，内填充眉口组合装饰，蹄足上部围绕扉棱饰一兽面纹。双耳与两蹄足未在一条直线上。

053

**M216：7　铜簋**

盖径 13.4cm ｜ 纽径 3.4cm ｜ 口径 13.4cm ｜ 底径 13cm ｜ 通高 18cm

器盖整体呈圆弧形，顶端附一柱状捉手。器身整体呈盂形，敛口，方唇，圆腹，龙首形双耳，圈足下承三个扁平支足。盖表与器腹饰瓦垅纹，盖缘与器口各饰一周 "S" 形无目窃曲纹，对应支足上部圈足饰三兽面纹饰。

054

022

## M216：13　铜壶

盖捉手长 9cm ｜ 宽 7.6cm

器口长 8.8、宽 7cm ｜ 底长 11.4、宽 8.4cm ｜ 通高 28.9cm

器盖子口，圈形捉手，盖中部两侧附龙首形双耳，器口作母口，直口，方唇，长直颈，颈中部两侧附龙首形双耳，垂腹，矮圈足。器盖捉手内侧饰两夔龙纹，中有一乳丁，盖缘饰一周无目窃曲纹，颈部饰高浮雕有褶皱波带纹，褶皱处以兽目装饰，内填充眉口组合装饰，腹部饰高浮雕大蟠龙纹、"S" 形有目窃曲纹组合。

056

023

## M216：16　铜盉

流长 4.9、厚 0.35cm ｜ 通宽 10.4cm ｜ 通高 16cm

动物形盖，扁嘴，戴冠，两立耳，双翅竖立，尾呈梯形，作子口。器身为圆角长方形扁体，器口不甚规整，作母口，微敛，腹部前有虎首管状流，孔截面呈半圆形，后有龙首形錾，腹下端有一高方座，束腰，近底部外撇形成边沿。盖身饰垂鳞纹，腹部较宽两面饰卷曲夔龙纹，管状流通体饰简化蟠龙纹、水波纹组合。

059

024

## M216：18　铜簋

耳高 3.9、3.2cm ｜ 口径 18cm ｜ 腹深 13cm ｜ 通高 19cm

直口，窄平沿，方唇，深腹，双绹索状立耳，圈足。上腹部饰无目窃曲纹，下腹部饰褶皱波带纹，内填充眉口组合装饰，口内填充月牙形小眉，上下腹部纹饰以一周带斜向刻槽凸棱隔开，圈足饰一周夔龙纹，以有目窃曲纹隔开。

061

025

## M216：33　铜盘

耳高 2.9、宽 3.1cm ｜ 口径 15.4cm ｜ 腹深 4cm ｜ 通高 8.3cm

侈口，窄平沿，方唇，腹部较深，双腹耳，盘底较平，圈足较高，下附三个兽足。腹部饰一周无目窃曲纹。

062

026

## M216：20　铜鼎

耳高 0.7、宽 1.2cm ｜ 口径 4.8cm ｜ 腹深 2.3cm ｜ 通高 4.8cm

侈口，窄平沿，方唇，双立耳，外撇，球形腹，圜底，下附三蹄足，蹄足内侧各有一竖向凹槽。腹部饰两周三角形夔龙纹。

063

**027**

**M216：22　铜簋**

腹径 2.2cm ｜ 底径 7.8cm ｜ 通高 8.8cm

盖与器身浑然一体。假盖整体呈圆弧形，顶端附一圈足状握手。器身整体呈盂形，双贯状凸起，近底部外撇形成底座，无底，中空。腹部饰瓦垅纹。握手下饰一周简化 "S" 形窃曲纹，中部瓦垅宽面上饰一周三角状卷云纹。

064

**028**

**M216：34　铜壶**

口长 3.75、宽 3.4cm ｜ 圈足长 3.1、宽 2.7cm ｜ 通高 9.5cm

盖体连铸，四边有方形豁口，仿莲瓣形盖，简化兽形耳，垂腹，圈足。錾位于颈中部，腹部较低，小圈足，底中空。颈部及腹部有对穿孔。颈上部饰复道弦纹，颈、腹部饰浅平十字带纹。

064

**029**

**M216：17　铜盉**

流长 2.9、厚 0.2cm ｜ 通宽 5.6cm ｜ 通高 6.8cm

圆角长方形扁体顶端有一立鸟，前有管状流，内无孔，后有一环形錾，流与錾配置于器腹，腹下端有一方座。腹部两侧周缘饰衔珠重环纹。

065

**030**

**M216：109　铜匜**

通长 5.8cm ｜ 腹深 1.3cm ｜ 通高 3cm

器口平面大致呈椭圆形，敛口，方唇，短流向上扬起，龙首形耳，口衔于器口，圜底近平，下附四矮蹄足。

066

**031**

**M216：19　铜盘**

口径 6.2cm ｜ 圈足径 5.2cm ｜ 通高 3.4cm

敞口，窄平沿，双立盲耳，内无孔，盘内底平整，腹部较深，高圈足。腹部饰一周卷曲夔龙纹。

067

**032**

**M216：106　铜罍**

口径 4.2cm ｜ 最大径 6.8cm ｜ 底径 3.1cm ｜ 通高 6.4cm

圆罍。敛口，斜平沿，方唇，折肩，肩部附绚索状双耳，腹部斜收至平底。最大径在肩腹部。肩部饰一周首尾夔龙纹，腹部饰卷云纹饰。

068

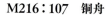

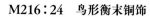

**033**

**M216：107　铜舟**

口径 3.4cm ｜ 腹最大径 4.6cm ｜ 通高 3.2cm

敛口，斜平沿，尖唇，束颈，圆肩，腹部较圆鼓，肩腹部附一龙首形单耳，双角高耸，两眼嵌有绿松石，一颗已遗失，圜底，中有一凹窝。肩腹部饰一周夔龙纹。

............................................................ **069**

**034**

**M216：26　铜铃**

纽高 1.5、宽 1.3～2cm ｜ 舌长 5.1cm
铃顶宽 4.7cm ｜ 铃底宽 6.1cm ｜ 通高 10.1cm

呈合瓦形，半拱形纽与器身界限明显，平顶，顶小口大，呈梯形，铃腔呈扁圆形，口部两角下垂，呈弧形。体中部两面各有穿孔，内有舌，条状，截面呈三角形。两面各饰纤细凸线梯形边框 2 个，内填充纤细凸线组成兽面纹，纹饰基本相同。器表分布有不规则形钉孔。

............................................................ **070**

**035**

**M216：41　铜銮铃**

首高 7.6、宽 9.4cm ｜ 颈高 1.8cm ｜ 銎座高 7.5cm
座面宽 4.2cm ｜ 侧宽 3cm ｜ 通高 16.9cm

铃首呈椭圆形，球形铃体中空，内置圆形铃丸，正面中间有一圆孔，外有 8 个放射状排列三角形镂孔，背面中间仅有一圆孔。球形外侧周缘有一椭圆形脊棱，与球体四周以小短梁连接。铃首与銎座之间有铃颈连接。銎座平面呈梯形，四面各有孔，形状不一，或为三角形，圆形，近似圆形，近似椭圆。銎座留有数量不等垂直阳线，为制作时留下的标准线，正反两面各有 4 个条形小凸饰。銎座四面各有 2 对圆形、三角形穿孔。

............................................................ **070**

**036**

**M216：24　鸟形衡末铜饰**

口径 1.9cm ｜ 通长 8.3cm ｜ 通高 3.8cm

平面大致呈"L"形。首部作凤鸟形，头戴冠，尖喙，身呈圆管喇叭形。圆管通体饰"S"形无目窃曲纹、简化重环纹、变体蝉纹组合。两组合之间以凹弦纹隔开。器表分布有若干不规则形钉孔。

............................................................ **071**

**037**

**M216：32　辀軏铜饰**

顶端边长 1.4cm ｜ 銎口边长 2cm ｜ 通高 10.6cm

八边形喇叭状，顶端封闭。器表有条形穿孔。

............................................................ **071**

038

## M216：23　铜辖軎

车辖首高 3、宽 3.5cm ｜ 键长 7.4、宽 1.7cm ｜ 穿长 4.9、宽 2cm

车軎顶端直径 5.2cm ｜ 銮口直径 4.7cm ｜ 通长 13.6cm

车軎呈圆筒形，顶端封闭且较小，下端中空，銮口较大，中部有一宽凸边，軎近銮口两侧有对称呈长方形竖穿，为插辖之用。器身上端饰两组卷云纹，中以一周无目窃曲纹隔开，凸边饰一周变体重环纹。车辖首部为一虎首，柿蒂形耳，双眼凸出，阔口，耳下端两侧有近似"凸"字形对穿。首部下接梯形辖键，中多有一条凸线。

072

039

## M216：37　铜饰件

銮口长 4cm ｜ 宽 2.5cm ｜ 通高 5cm

平面大致呈"甲"字形。较宽处为一兽首，顶端脊线两侧有发髻，猪鼻，阔口，有须，周缘圆形、"L"形、逗号形、眉毛形、燕尾圭首形槽内镶嵌各类绿松石，大部分槽内遗失。较窄处銮口平面呈长方形。

073

040

## M216：105　铜虎

通长 5.15cm ｜ 宽 0.9 ~ 1.2cm ｜ 厚 0.15cm

整体一立虎形象。柿蒂形耳，双眼突起，嘴微张，四立足向内收，尾巴整体垂下，尾稍向上弯曲。腹、背部整体饰变体"{ " " }"纹饰，尖皆朝向头一端，肩部饰卷云纹。

073

041

## M216：67　玉磬形饰

边长 9.2cm ｜ 宽 3.1cm ｜ 厚 0.45cm

青白玉，内有暗褐色斑，透明。上端倨句形，穿一孔，下端呈弧形，两侧各有一穿孔，三孔皆单面钻制。

076

042

## M216：97　玉圭

长 8.2cm ｜ 宽 1.8 ~ 2.6cm ｜ 厚 0.3 ~ 0.6cm

青白玉，沁蚀严重，微透明。两面平整，圭首呈宽三角形，柄呈梯形，边缘有三穿孔，单面钻制。

076

**M216：66　穿孔方形蚌饰**

宽 2.5cm　｜　厚 0.45cm　｜　穿径 0.45cm

3件。平面近方形，两面平整，两面各有四条刻槽，边缘中部呈锯齿形，中穿一圆孔。

...................................................................................... 077

**M216：58　陶罐**

口径 20.6cm　｜　最大径 29.9cm　｜　底径 13.1cm　｜　通高 32.6cm

喇叭口，厚圆唇，长束颈，宽折肩，肩部附双绹索状耳，双吐舌状兽面，斜直腹，平底。口沿及颈肩部饰五组平行凹弦纹，其中肩部弦纹间饰形无目窃曲纹、连续三角纹中填充竖向平行短线纹组合，腹部饰竖向绳纹。口沿及部分区域略残。

...................................................................................... 077

 | **M6**

**M6：33　铜鼎**

耳高 1、宽 1.25cm　｜　口径 7.6cm　｜　腹径 7.5、深 4.65cm　｜　通高 8.2cm

敛口，窄平沿，薄方唇，双立耳且向内撇，深垂腹，圜底近平，三蹄足。

...................................................................................... 082

**M6：42　铜鼎**

耳高 1.75cm、宽 1.9cm　｜　口径 9.35cm　｜　腹径 9.05、深 5.4cm　｜　通高 9.6cm

直口，窄平沿，方唇，双立耳，深腹，圜底，三蹄足。耳面饰重环纹，腹部纹饰分上下两部分，上部饰一周缠身龙纹，下部纹饰为波曲纹，内填充眉、口组合。

...................................................................................... 083

**M6：30　铜簋**

捉手径 4.5cm　｜　腹径 10cm　｜　圈足径 7.8cm　｜　支足高 1.2cm　｜　通高 9cm

盖与器身浑然一体。捉手中空，器身整体呈盂形，腹部圆鼓，中附双龙首形耳，耳下端有珥，矮圈足，下附三兽面支足，无底。捉手内底饰云气纹，腹部通体饰有瓦垄纹，中以两组有目窃曲纹隔开。

...................................................................................... 084

048

**M6：28　铜壶**

捉手长 5.6、宽 4.2、高 4.7cm

口长 5.6、宽 4.1cm ｜ 腹径 9.75cm ｜ 底长 7.7、宽 5.5cm ｜ 通高 16.1cm

器盖子口，圈形捉手，略小于盖顶，器口作母口，侈口，方唇，长直颈，颈底部两侧附龙首形双耳，头端延伸出一凤鸟，垂腹，矮圈足。器盖捉手内侧饰两吐舌状龙纹组成其"S"形，盖缘饰一周倒向垂鳞纹，一周重环纹。器身纹饰分两部分，以数道凸棱隔开，颈部饰褶皱波带纹，波峰波谷显齐平，内填充眉口简化组合装饰，腹部饰高浮雕大蟠龙纹、夔龙纹组合。

─────────────────────────── 087

049

**M6：31　铜盉**

腹宽 9cm ｜ 腹深 7.8cm ｜ 腹厚 0.3cm

流长 8.25cm ｜ 足高 2.4cm ｜ 通高 15cm

椭圆形扁体，顶端有一立鸟，鸟下端作子口，套接于腹腔顶端长方形槽内，前方流及后方鋬均作龙首形，相背而立，腹下端四个龙首形立足。腹部正反两面纹饰分三个单元，中心为云气纹，围绕中心云纹，周缘饰三组缠绕龙纹，最外缘饰四组有目"S"形窃取纹，腹侧面顶部饰两蝉纹，前方龙首形流通身以蝉纹修饰，后方鋬龙首吐舌两侧面以重环纹修饰。

─────────────────────────── 088

050

**M6：37　铜盘**

口径 13.2cm ｜ 腹径 12.8cm ｜ 圈足径 11cm ｜ 支足高 1.1cm ｜ 通高 6.1cm

侈口，窄平沿，方唇，腹部较直，双附耳，圈足，下附三兽面支足。腹中饰一周有目窃曲纹，耳面上饰有重环纹。

─────────────────────────── 090

051

**M6：29　铜簋**

捉手径 2.6cm ｜ 腹径 6.9cm ｜ 圈足径 4.4cm ｜ 通高 5.8cm

明器。盖与器身浑然一体。捉手中空，器身整体呈盂形，腹部圆鼓，矮圈足，无底。肩腹部饰一周凹弦纹f简化稀疏瓦垅纹。

─────────────────────────── 092

**M6：59　铜马甲**

底部宽 24cm　｜　厚 0.1cm　｜　通高 43.6cm

镂空片状，上部为圆形，向一侧为弯弧，下部为方形。底边正中有一方形缺口。

093

**M6：72-1　鱼形玉饰**

长 6.92cm　｜　宽 0.7 ~ 1.1cm　｜　厚 0.25cm

乳白色，玉质较粗糙，不透明。鱼身弯曲，以阴线刻三处卷云纹表鱼鳞，鱼尾分叉。头端与尾端各有一圆形穿孔。

096

**M6：72-6　牛形玉饰**

长 3.2cm　｜　宽 2.42cm　｜　厚 0.37cm

灰白色，玉质较粗糙，半透明。受沁，大量分布白色絮状纹理。整体作牛侧身状，内部以阴线勾勒细节。牛作抬首姿态，牛角上扬，目作平行四边形。牛鼻处有一圆形小穿孔。

096

**M6：72-7　兔形玉饰**

长 3.15cm　｜　宽 1.68cm　｜　厚 0.47cm

青玉，玉质较细腻，半透明。背部受沁，有白色絮状纹理。兔圆眼前视，长耳贴背，短尾微翘，作伏地下趴状。无穿孔。

096

**M6：72-27　龙形玉饰**

长 3.8cm　｜　厚 0.3cm　｜　高 2.5cm

豆绿色，玉质细腻，半透明。受沁，有白色絮状纹理。龙体卷曲呈 "S" 形，作盘旋游动状。龙爪三趾抓地，龙头戴冠回首，龙尾向上卷曲。通体素面，仅眼睛处以阴线雕刻椭圆形目。

097

**M6：72-19　虎形玉饰**

长 4.2cm　｜　宽 1.66cm　｜　厚 0.6 ~ 0.76cm

灰白色，受沁严重，分布大量白色絮状纹理。玉质较粗糙。整体呈侧面伏虎形，头大尾小，虎首扬起，虎尾下垂，虎爪收于腹下。素面。眼作一单向圆形穿孔。

097

**M6：72-21　人首形玉饰**

最长 3.47cm ｜ 最宽 3.28cm ｜ 厚 0.5 ～ 0.72cm

青玉，豆青色，背面受沁呈白色。玉质较细。正面为浮雕人面，人面正中 "T" 字区略凸，内部以双钩阳线刻画细节；背面为素面。头顶以阴刻细线勾勒发丝，密发无冠后披；双眼呈圆形凸出；鼻头凸出呈梯形；嘴部以双钩阳线勾勒，作咧嘴大笑状；双耳下坠，耳垂外撇；双耳耳垂与颈部各有一圆形穿孔，双耳穿孔为正面向背面穿凿，颈部穿孔为背面向正面穿凿。应为玉琮改制而成。

————————————————————— **097**

**M6：72-3　三叉形玉饰**

长 3.25cm ｜ 宽 0.8 ～ 3.07cm ｜ 厚 0.2 ～ 0.3cm

有黄褐斑，玉质较粗糙，不透明。榫呈长方形，榫上有一个小圆形穿孔，背面器身中部有一对贯通的斜穿孔。双面均饰草叶纹和平行细线纹。

————————————————————— **098**

**M6：72-35　玉圆管**

长 5.26cm ｜ 直径 1.4 ～ 1.9cm ｜ 孔径 0.48 ～ 0.58cm

豆青色，受沁，有黄色絮状纹理。玉质较细，不透明。整体为扁柱体，粗细均匀。双向对钻穿孔。周身饰重复的旋转龙纹，龙口张开，龙舌外吐，臣字目，身饰重环纹。

————————————————————— **098**

**M6：74　玉玦**

直径 2.9cm ｜ 孔径 0.9cm ｜ 厚 0.62cm

青玉，呈青黄色，玉质细腻，受沁有白色斑点，微透明。圆形扁体，有缺口，横截面呈长方形。该对玉玦应为遗玉改制而成。一面刻双龙缠足纹，另一面为鸟纹，鸟纹图案被玉玦造型打破。

————————————————————— **099**

**M6：69-2　玉玦**

直径 3.5cm ｜ 厚 0.4cm

青玉，呈青黄色，玉质细腻，受沁有白色斑点，微透明。整体为卷曲龙形，阴刻纹路。中部无穿孔，龙舌外卷，头顶有冠，龙尾外翻。背面无纹。

————————————————————— **099**

063

**M6：78　项饰**

总长约 53cm

由 1 件穿孔圆形玉佩，6 件束绢形玉佩，90 颗橘黄色，橘红色或红色玛瑙珠相间串系而成。根据出土情况，经过复原整理，组合方法如下：以穿孔圆形玉佩为结合部，6 件束绢形玉佩之间以双行玛瑙珠连接。出土时可在束绢形玉佩背面观察到穿绳走向。玛瑙珠少则 2 对，多则 14 对不等。项饰正面用以穿系的玛瑙珠颗粒饱满，大小，色泽，形状较相似；背面的玛瑙珠形制，颜色差异较大。

**100**

064

**M6：78-33　璧形玉饰**

径长 2.6cm ｜ 厚 0.5cm ｜ 孔径 0.2cm

青玉，呈青黄色，受沁，有白色絮状纹理。玉质较细，微透明，通体抛光。素面。通体呈扁圆形。中部有一圆形穿孔，由底面向正面穿凿。

**101**

065

**M6：78-1　束绢形玉牌饰**

长 4cm ｜ 宽 2.6 ~ 2.9cm ｜ 厚 0.4cm

青玉，呈青黄色，受沁，有白色絮状纹理。玉质较细，半透明。近长方形，中部略微束腰，正面饰束绢纹。背面为素面。两端各开一槽，二斜穿从背面向槽穿凿，达到牌饰正面无孔的效果。

**101**

066

**M6：80　组玉项饰**

总长约 25cm

由 1 件长方体圆孔玉饰，3 件玉蚕，3 颗费昂斯珠，49 颗黄色、橘黄色、橘红色或红色玛瑙珠相间串系而成。根据出土情况，经过复原整理，组合方法为以长方体圆孔玉饰为结合部，玉蚕，费昂丝珠之间以玛瑙珠相连。

**102**

067

**M6：80-26　蚕形玉饰**

长 3.22cm ｜ 宽 1.83cm ｜ 厚 0.5~0.6cm

青玉，呈青黄色，通体受沁，有白色絮状纹理。玉质较细，不透明。蚕身弯曲，通体雕琢成节褶形，首尾共十节。张口，圆目微凸，头大尾小。口部有一斜穿。

**102/103**

068

**M6:80-56　玉琮**

长 1.6cm ｜ 宽 1.1cm ｜ 厚 0.8cm

青玉，呈青黄色，一面受沁，有白色絮状纹理。玉质较细，不透明。整体近长方体，通体以阴刻饰纵向线条。中部有一圆穿。

—————————————————————————— 102/103

069

**M6:73　七璜玉佩饰**

由1件虎形玉佩，1件鹦鹉形玉佩，1件玉牌，1颗骨珠，7件形态各异的璜，25件玉管，61颗费昂斯珠，191颗玛瑙珠相间串系而成。出土时总长度为1.15米。经整理复原，组玉佩的串联方式如下：以虎形玉佩为本组玉佩的结合部，两端左右各接红色、橘红色或橘黄色玛瑙珠至底，中部间串玉管，玉管上下两端多以费昂斯珠连接。7件璜两侧的串珠大体上保持相似，但细节处有差异。自下向上。第一、二件璜之间共分布5件玉管，8颗费昂斯珠，14颗玛瑙珠，最底部璜的两端分别以4颗小玛瑙珠连缀1件竹节纹扁方玉管使其悬于璜上。第二、三件璜之间共分布1件玉牌，2件玉管，8颗费昂斯珠，10颗玛瑙珠。第三、四件璜之间共分布1件骨珠，3件玉管，8颗费昂斯珠，24颗玛瑙珠。第四、五件璜之间共分布3件玉管，7颗玛瑙珠，23颗玛瑙珠。第五、六件璜之间共分布2件玉管，8颗费昂斯珠，28颗玛瑙珠。第六、七件璜之间共分布4件玉管，8颗费昂斯珠，36颗玛瑙珠。第7件璜与顶端虎形玉佩之间分布有1件鹦鹉形玉佩，6件玉管，14颗费昂斯珠，56颗玛瑙珠。均为单行连接。

—————————————————————————— 102/103

070

**M6:73-Y3-1　鹦鹉形玉佩**

长 8.1cm ｜ 宽 1.9 ~ 2.3cm ｜ 厚 0.3 ~ 0.6cm

青玉，呈青黄色，大部分受沁呈白色。玉质较细，不透明。两面以双钩阳线雕鹦鹉纹，圆眼，头顶阴刻发丝样巨冠，鸟喙向内卷曲，有耳，身饰云纹。鸟尾有一圆穿，与组配饰串连。头部较厚，尾部略薄。冠，鸟喙内卷，各形成一个不闭合圆孔。应为商玉。

—————————————————————————— 102/103

071

**M6:73-Y1-2　人龙纹玉璜**

长 10.5cm ｜ 宽 2.1 ~ 2.2cm ｜ 厚 0.4cm

青玉，呈青绿色，大部分受沁有白色絮状纹理。玉质较细，微透明。两面饰人首双龙纹。人首为侧面，分饰两端。龙身饰重环纹，上下相叠。

—————————————————————————— **103**

**M6：73-Y1-4　鹦鹉纹玉璜**

长 11.52cm｜宽 2.65cm｜厚 0.57cm

青玉，呈豆绿色，裂纹处受沁呈黄褐色。玉质较细，微透明。两面以双钩阳线雕鹦鹉纹，圆眼，头顶阴刻发丝样巨冠，鸟喙向内卷曲，有耳，身饰云纹。冠上，尾羽下各有一穿孔。应为商玉。

105

**M6：73-M2-1　玛瑙珠**

长 3cm｜横截面径长 0.9 ~ 1.32cm

黄色，素面。长珠。两端细，中部鼓出。两面对钻穿孔。

106

**M6：73-M2-3　玛瑙珠**

长 2.22cm｜横截面径长 1.05 ~ 1.25cm

红色，素面。长珠。两端细，中部鼓出。表面有加工形成的疤痕。

106

**M6：73-M4-1　玛瑙珠**

长 2.4cm｜横截面径长 0.88 ~ 1.2cm

红色，素面。长珠。两端与中部凸出呈竹节状。两面对钻穿孔。表面有加工形成的疤痕。

106

**M6：73-Y2-B-2　玉管**

长 3.58cm｜宽 1.36cm｜厚 1.15cm

豆青色，玉质较细腻，不透明。横截面呈圆角长方形。通体饰双龙纹，龙头分别饰于正反两面，龙身饰于两侧面。对钻穿孔，孔旁有浅十字刻痕，应为钻孔时定位而刻。

107

**M6：73-Y2-B-3　玉管**

长 2.5cm｜横截面边长 1.22cm

青色，玉质较细腻，不透明。横截面呈圆角方形。通体饰云纹。两面对钻穿孔。

107

078

**M6：73-Y2-F-1　梯形玉管**

长 3.1cm ｜ 宽 0.75 ~ 1.28cm ｜ 厚 0.85 ~ 1.1cm

乳黄色，玉质较粗糙，不透明。玉管上窄下宽，通体以双钩阳线雕饰龙纹。

107

079

**M6：62-2　"C"形龙纹玉饰**

外径 4cm ｜ 宽 1.3cm ｜ 厚 2.5cm

青玉，有棉絮状纹理。玉质较细，半透明。口部镂空作穿孔，椭圆形目，背部有爪，尖尾。背部有一圆角方形穿。

108

080

**M6：62-1　条状人形玉饰**

长 7.1cm ｜ 穿孔处宽 0.6cm ｜ 玉人上端宽 0.9、下端宽 1.6cm ｜ 厚 0.7cm

青玉，玉质较细，不透明。正面凸起呈棱状，应为截取玉琮一角改制而成。顶部有一圆形穿孔，可供悬佩；中部有一浮雕人面，棱形眼，长方形口；人面两侧阴线刻划对称纹路，既是头发，也融合了简约龙形，右侧龙纹向人面头部上卷，左侧龙纹未发现上卷纹饰；颈部内凹、较长；下半部躯体通身着素面长衣，衣长至足，双手外翻、分别置于身体两侧；双足呈分开状。

109

081

**M6：66　玉盒**

近球状，由 5 块玉质、大小、纹饰均不同但弯曲幅度相同的弓形玉饰组成。盒内出土 M6：63 人形玉佩、M6：64 兔首形玉佩等玉器。

110

082

**M6：66-1　玉盒组件**

凸起兽面边长 1.8、厚 0.3 ~ 0.7cm ｜ 长 4.5cm ｜ 宽 2cm ｜ 厚 0.5cm

为玉盒盖板。青玉，呈青黄色，受沁，有黄色棉絮状纹理。微透明，通体抛光。器身弯曲，展开面呈长方形。正面以阴线雕刻双龙纹，正中有一浮雕兽面，背面为素面。兽面平面呈正方形，面中微凸；额发凸起，额发两侧向外弯曲作角形；双眼为椭圆形；鼻部外卷作牛鼻状。两侧各有两枚穿孔，由侧面向背面穿凿。

111

083

## M6：66-2　玉盒组件

长 4.2cm ｜ 宽 2.1 ~ 2.4cm ｜ 厚 0.4 ~ 0.5cm

为玉盒西侧板。青玉，呈青黄色，受沁，有白色棉絮状纹理。半透明，通体抛光。器身弯曲，整体呈束绢形。中部浮雕，两侧阴刻勾勒。两侧各有两枚穿孔，由侧面向背面穿凿。

............................. 111

084

## M6：66-3　玉盒组件

孔径长 0.3、深 1.2cm ｜ 长 4.3cm ｜ 宽 2.2 ~ 2.4cm ｜ 厚 0.4cm

为玉盒东侧板。青玉，呈青黄色，受沁，有白色棉絮状纹理。半透明，通体抛光。器身弯曲，展开面近似长方形。正面阴刻双线虺龙纹，表面对称分布 7 个凹陷圆孔。背面为素面。两侧各有一枚穿孔，由背面向正面穿凿。

............................. 112

085

## M6：66-5　玉盒组件

长 4.4cm ｜ 宽 0.73 ~ 0.91cm ｜ 厚 0.33 ~ 0.85cm

为玉盒左底板。青玉，呈青黄色，受沁，有白色棉絮状纹理。不透明，通体抛光。器身弯曲，展开面近似梯形。正面中部阴刻不完整卷龙纹，两侧为蝉形浮雕。

............................. 113

086

## M6：63　人形玉佩

上端宽 1.9、厚 1.4cm ｜ 下端宽 2.8、厚 1.9cm ｜ 高 4cm

出于玉盒（M6：66）内。青玉，玉料呈乳质青色泛黄，不透明，通体抛光，背面带有少量乳黄色石皮。圆雕。玉人呈站立状，阴刻线条勾勒出五官及服饰。密发无冠后披；面部以浮雕凸出轮廓，阴刻勾勒五官，浓眉大眼，鼻梁微凸，唇部阴线雕刻上卷胡须；人面两侧雕刻出"山"字状纹路，既是头发，也融合了简约龙形；长颈；双肘弯曲交叠于下腹部；身着右衽高领衣，束腰，腰系素面垂叶形蔽膝，裳呈梯形。大臂处刻四枚草叶纹，领、腰均刻交叉斜格纹带。该件人形玉佩应为遗玉玉管改制而成。

............................. 114

087

## M6：64　兔首形玉佩

长 2.85cm ｜ 上端宽 2.6、下端宽 0.8cm ｜ 厚 1.1cm

出于玉盒（M6：66）内。青玉，左半部分玉料呈浑浊浅褐色，右半部分玉料呈乳质青色泛黄，不透明，通体抛光。兔耳平面呈椭圆形，上尖下圆；兔眼在面部占比大，为圆形；嘴部开瓣，嘴下刻凹槽，下颌作一牛鼻穿孔；背后有一纵向凹陷。

............................. 114

088

**M6：81　蚕形玉佩**

长 7.6cm ｜ 宽 0.6cm ｜ 厚 0.45cm

青玉，呈墨绿色，玉质细腻，较透明。蚕身弯曲呈"C"形，体作 12 节。口部有一圆穿。

115

089

**M6：76　条形人龙纹玉佩**

长 7.61cm ｜ 上端宽 2.35、下端宽 1.6cm ｜ 厚 0.2cm

青玉，呈墨绿色，玉质较细，略透明。双面阴刻侧面人龙纹图案。人物头戴冠，眼呈圆形，鼻、耳由圆形与直线构成，双腿蜷起作踞坐状；龙纹呈团状，位于佩中部，构成人身。发尾处与足处各有一单面穿孔。

115

090

**M6：53　泥壶**

口长 4、宽 3cm ｜ 腹径 6.2cm ｜ 底长 6、宽 5.4cm ｜ 通高 11.2cm

利用红胶泥制作而成，低温烘烤，器表涂抹一层浅绿色涂料，剥蚀严重。壶内填实，高斜直领，颈与肩腹部之间以一条凸棱隔开，垂腹，矮圈足。

116

091

**M6：54　泥簋**

捉手径 3.2cm ｜ 腹径 9.4cm ｜ 圈足径 8.2cm ｜ 通高 7.8cm

利用红胶泥制作而成，低温烘烤，器表涂抹一层浅绿色涂料，剥蚀严重。盖与器身浑然一体，捉手较矮，器身整体呈盂形，腹部圆鼓，双腹耳无存，仅留竖长方形浅槽，矮假圈足。

116

092

**M6：38　泥盘**

口径 13.6cm ｜ 底径 11.6cm ｜ 通高 4.5cm

利用红胶泥制作而成，低温烘烤，器表涂抹一层浅绿色涂料，剥蚀严重。盘内填实，窄平沿，略高于盘面，厚方唇，口沿下双附耳无存，仅残留两对称长方形浅槽，浅腹，假圈足较高，三个矮支足与器身分离。腹中饰两周横向平行凹弦纹、九道等距离竖向凹形短线纹组成的长方形方格。

117

**M6：58　石璧**

外径 16cm ｜ 孔径 5.8cm ｜ 厚 0.7～0.9cm

石质，呈灰绿色，两面磨光。圆形，中穿孔。

**M6：56　原始瓷碗**

口径 12.2cm ｜ 底径 5.4cm ｜ 通高 3.4cm

胎呈灰褐色。器身内外施一层酱黄色釉，釉色不纯，有气泡，口沿及底露胎。侈口，厚方唇，浅腹，斜收至平底，底中内凹。碗内壁明显有轮制痕迹。

**M6：57　原始瓷碗**

口径 12cm ｜ 底径 4.8cm ｜ 通高 4cm

胎呈灰色。器身内外施一层青釉，釉色不纯，口沿及底露胎。侈口，厚方唇，浅腹，斜收至矮圈足。

## 🐾 ｜ M160

**M160：47　铜鼎**

口径 7.4cm ｜ 腹径 7.6cm ｜ 足高 3.4cm ｜ 通高 7.6cm

口微敛，窄平沿，方唇，立耳，扁球形腹，圜底较平，蹄足较高，足跟略踮。腹部装饰一周凹弦纹。

**M160：75　铜鼎**

口径 7.8cm ｜ 腹径 7.8cm ｜ 足高 4cm ｜ 通高 8cm

口微敛，窄平沿，方唇，立耳，扁球形腹，圜底较平，蹄足较高，足跟略踮。腹部装饰一周凹弦纹。

**M160：48　铜簋**

捉手直径 1cm ｜ 腹径 7cm ｜ 圈足径 6cm ｜ 通高 5.7cm

盖与器铸为一体。顶部有塞状握手，盖沿装饰一周重环纹。器身呈扁球状，鼓腹装饰两周瓦棱纹，并附圆耳一对。圈足弧收。圈足不见簋底，中空，范芯未掏。

**M160：45　铜壶**

壶口宽 3.8cm ｜ 圈足宽 4.6cm ｜ 通高 10cm

盖身浑铸一体。盖顶握手与盖均呈圆角长方形，二者以凹弦纹分隔。器身为长颈，微鼓腹，颈部及上腹各装饰一周重环纹，颈腹交界处设置鸟首状耳。方圈足。圈足不见壶底，中空。

**125**

**M160：53　铜盉**

腹部最宽处 6.1cm ｜ 流长 3cm ｜ 通高 8cm

盖与身浑铸一体，呈侧置的略椭圆扁鼓形，两侧鼓形面各饰一圈重环纹。捉手为鸟形，前流后鋬，流曲而上扬，鋬为半环形耳。方圈足。圈足不见盉底，中空。

**126**

**M160：56　铜盘**

口径 6.8cm ｜ 通高 4cm

直口，平折沿，方唇，浅腹，近平底，圈足下附三矮足。

**127**

**M160：94　铜柄铁剑**

通长 27.1、柄长 10.1cm

铜质剑首、茎、格，铁质剑身。柄首弧顶作人首形，茎部为镂空龙纹，两侧为不对称形突齿。剑格圆弧饰兽面纹，须部向剑身方向弯卷。剑身原残断为四截，已修复，呈圭首形，中脊明显。

**128**

**M160：119　铜矛**

铜矛长 27.1cm

前锋锐利，锥圆脊，长骹，脊侧出三窄长叶，三叶间各有一孔。

**128**

**M160：23　铜戈**

援长 14.2cm ｜ 胡高 9.9cm ｜ 内长 8cm ｜ 通长 22.2cm

援脊不明显，援刃中部束腰不明显，援末上端一横穿，胡近阑侧见二竖穿，长内。

**129**

**M160：15　铜虎饰**

通体长 6cm

箭箙饰。形制大小相近。正面隆起，整体一卧虎侧面形象，身朝右，头下垂，柿蒂形耳，圆眼突起，嘴微张，前后腿作匍匐状，尾巴整体垂下，尾稍向上弯曲。整体饰变体"{"纹饰，尖朝向头一端，前后肩部饰镂空卷曲夔龙纹，背面中空，设置一竖梁。

............................................................. 130

**M160：16-2　铜泡**

直径 2.6cm

箭箙饰。形制大小相近。正面隆起，中部饰蟠龙纹，外饰一圈重环纹，背部中空，置一横梁。

............................................................. 131

**M160：120　铜衡末饰**

套管处直径 1.9cm　｜　管壁厚 0.2cm　｜　通长 5.6cm

呈套管形，套口处装饰一周变形云纹。末端上翘，作凤鸟纹，可见鸟喙、双目及冠羽。末饰下端弯折处见一半球形纽，一圆环贯孔。

............................................................. 131

**M160：5　铜兽面饰**

长 4.1cm　｜　中部宽 3.5cm　｜　厚 1cm

正面隆起，呈兽首纹，饰双角，倒八字形眉下接阔鼻，圆凸目，鼻下张口吐舌，两侧见獠牙。背部凹陷，设横梁。
兽首两角连接，形成类似长条形穿孔。背面横梁呈薄宽带状。

............................................................. 132

**M160：24　铜节约**

管长 3.1cm　｜　管径 1.4cm　｜　环长 1.4cm

形制相同，大小相近。为细圆管接一椭圆环。细圆管两端饰斜角云纹，中部顶端饰重环纹，下部正反面皆饰兽首，牛角间有一圆穿。环上饰两道凹弦纹。

............................................................. 132

**M160：13　铜节约**

空管长 3.2cm ｜ 直径 1.3cm

下方扁圆环长 7.6cm ｜ 宽 5.5cm

上方为兽首，饰双角，角部呈中空管状，倒人字眉，圆凸目，鼻作牛状鼻，广口衔下方扁圆环，可见两侧獠牙，兽舌做环之中梁。扁圆环饰一圈夔龙纹，环底接中梁处饰团龙纹。

133

**M160：25　铜辖軎**

軎通长 15.8cm ｜ 当部径 2.4cm ｜ 銎口径约 4.6cm ｜ 辖通高 10.4cm

铜軎呈锥筒形，近器身中部有一周较高凸棱，装饰绳索纹，器身外半段呈棱锥状，当部较小，器身近舆端可见长方形对穿孔来置辖，未见磨损痕迹；铜辖辖首装饰一立体状龙首，双角分叉，双耳似倒置直角梯形，双凸目，牛状鼻，阔口。龙首后见曲尺形穿孔，下接长条形辖键。

133

**M160：30　铜马衔（镳）**

镳体长 12.9cm ｜ 最宽处 1.1cm

两端圆环径 2.3cm ｜ 中间互交环径 1.4cm ｜ 通长 21.7cm

马衔由两个"8"字形铜环构成，中间环呈水滴形互交，两端环略呈扁圆，两端各环内皆套一件马镳。马镳正面呈弧曲状，背面中部设置两个半环形纽。衔、镳皆素面。

134

**M160：27-8　铜策首（马策组件）**

刺长 2cm ｜ 管壁厚 0.2cm ｜ 通长 4.7cm

多边形管状，顶端内收形成尖刺，身中部有对穿钉孔，銎口近圆形，内装置木柲，近末端系有铜铃饰，末端套接骨管。

134

**M160：27-4　铜铃（马策组件）**

通高 3.7cm

顶小底大，顶端鼻孔系一环，铃身整体呈四棱形，底端呈弧边，銎口近似菱形，不见铃舌，器身有数量不等孔洞。铃顶端饰两组简易卷云纹。

135

**M160：59　铜泡**

直径 9.3cm ｜ 厚 0.05cm

圆形，正面中部隆起，外缘较平，外两侧对称分布有两个小圆孔。

**M160：76　铜龙形饰**

通长 14.5cm ｜ 厚 0.2cm

整体形状似逗号形，龙首回顾，朝向尾部。

**M160：57　泥鼎**

口径 6.7cm ｜ 足高约 3.1cm ｜ 残高 5.8cm

平沿，方唇，立耳残，腹略鼓，圜底，三蹄足，收拢腹下，足间填实。表面镀锡。

**M160：98　泥壶**

通高 7.7cm

盖身一体。长颈，鼓腹下垂，圈足。表面镀锡。

**M160：44　泥盉**

腹径 4.1cm ｜ 通高 5.8cm

盖身一体，近圆形扁体，不见鋬流，腹下置梯形足。表面镀锡。

**M160：52　泥盘**

口径 7.2cm ｜ 通高 4.2cm

平沿，方唇，立耳残，浅腹，圈足。表面镀锡。

**M160：17　辀饰**

球径 3.2cm ｜ 孔径 1.1cm

器形似权杖头，疑为车辀饰。器表分布大量白色花纹斑。球状，中钻孔。

138

**M160：14-2　骨管**

铜帽钉长 1.9cm ｜ 骨管长 2.1cm ｜ 骨管最大径 1.9cm ｜ 通高 3cm

箭箙饰。骨管中部略鼓，铜帽呈伞状，置于顶端。

139

**M160：115　骨圭**

长 8cm ｜ 最宽处 1.3cm ｜ 厚 0.3cm

上端为三角形尖锋，下端略呈梯形。

139

**M160：7　骨小腰**

通长 3.6cm ｜ 宽 0.6 ~ 1.4cm ｜ 厚 0.5 ~ 0.7cm

断面大致呈半圆形，中部细腰，两端较粗，似耳珰形，中束腰。

139

# 🐂｜M4

**M4：31　铜鼎**

耳长 1.4、宽 1.7cm ｜ 口径 8.1cm ｜ 通高 7.5cm

直口微敛，平沿，方唇，立耳微外侈，鼓腹，腹部饰一周一正一倒的 "C" 形窃曲纹，一周有三组。下收至圜平底。蹄足略向外撇，上端较粗壮，已移至近腹底位置。

142

**M4：44　铜鼎**

耳长 1.7、宽 2.2cm ｜ 口径 7.1cm ｜ 通高 8.5cm

直口，斜平沿，方唇，立耳微外侈，束腰垂腹，腹腰之间饰6组夹珠重环纹。下收至圜平底。蹄足略向外撇，内槽留有范土，上端较粗壮，已移至近腹底位置。

143

**M4：43　铜簋**

腹径 6cm ｜ 圈足径 4.1cm ｜ 通高 5.6cm

器盖与器身浑铸为一体，铸造粗糙，较小，属名器。盖有圆形捉手。圆鼓腹，环形耳，近方，一耳内实，衔接于腹中，圈足外侈，器身中空。盖口以一周旋纹表示，上饰两道瓦纹，腹饰四道瓦纹。

144

**M4：47　铜簋**

腹径 5.4cm ｜ 圈足径 5cm ｜ 通高 4.4cm

器盖与器身浑铸为一体，铸造粗糙，较小，属名器。盖有圆形捉。鼓腹，环形耳，近方，内实，衔接于口沿下，圈足外侈，器身中空。盖上饰三道瓦纹，腹上部饰一周重环纹，下部饰三道瓦纹。

144

**M4：36　铜壶**

盖长 3.9、宽 3.1、高 1.6cm

口长 3.7、宽 3cm ｜ 足高 0.9cm ｜ 通高 10.5cm

俯视壶体呈圆角长方形。上有盖，盖呈长方形，状似喇叭，口下饰一周重环纹，以示口与盖分界线，长颈，左右两贯耳似飞鸟形，鼓腹下垂，矮圈足微向外撇。器身贯通。颈部饰一周重环纹。腹颈过渡处饰两周凸旋纹，腹部上饰重环纹，下饰波曲纹，其间饰眉口纹饰。

145

**M4：32　铜盉**

腹径 4、厚 1.9cm ｜ 流长 2.3cm ｜ 流耳间距 4.7cm ｜ 通高 6.1cm

器身与器盖浑铸，鸟形捉手，椭圆形扁腹，腹中空，环形耳，实心柱状流，器底下接圈足，两侧腹部饰一周重环纹，铸造粗糙。

146

131

**M4：33　铜盉**

腹径 6.1、厚 1.2cm ｜ 流长 3.5cm ｜ 流耳间距 6.4cm ｜ 通高 8.9cm

器身与器盖浑铸，鸟形捉手，近圆形扁腹，腹填实，环形耳，实心柱状流，上端微翘，器底部接梯形圈足，两侧腹部饰一周重环纹，中间饰云纹。铸造粗糙。

147

132

**M4：34　铜盘**

口径 10.1cm ｜ 腹深 1.1cm ｜ 圈足高 1.1cm ｜ 通高 3.3cm

敞口，平折沿，方唇，附耳，衔接于腹中。腹壁近直，底较平，矮直圈足，浅腹，素面。

148

133

**M4：56　玉玦**

外径 4.9cm ｜ 内径 1.8cm ｜ 厚 0.4cm ｜ 宽 1.55cm ｜ 缺口宽 0.3cm

呈乳白色，已经钙化，玉质粗糙。圆形，有缺口。一面饰龙纹，两龙首隔缺口相对，目圆睁，两龙尾部相卷。

149

134

**M4：62　玉管**

细端外径 2cm ｜ 粗端外径 2.2cm ｜ 孔径 1.3cm ｜ 高 2.1cm

白玉泛黄，玉质粗糙，圆形管，一端粗，一端细，中心钻孔，未贯穿。素面。

149

135

**M4：55　组玉串饰**

周长 38cm

出土于人骨脖颈处，整体由 6 块玉璜、1 件近圆形玉佩和 184 颗玛瑙珠子相间串系而成。其中，6 块璜中间隔两件可组合成一件大玉璜。经整理复原，联缀方式为以近圆形佩饰为结合部，6 件玉璜依次用双行玛瑙相间串联

151

**M169：13　铜鼎**

耳高 2.1、宽 2.4cm ｜ 口径 9.6cm ｜ 通高 11.6cm

近直口，窄斜平沿，方唇，长方形立耳，一耳未穿孔，两耳略向外撇，深垂腹，平底有两圆孔，三角形范线明显，三蹄足内侧有一竖向凹槽，槽内残留范土，收于腹底。耳面饰重环纹，上腹部饰一周"C"形无目窃曲纹。

**156**

**M169：19　铜簋**

口径 3.5cm ｜ 圈足径 6.2cm ｜ 腹径 8.4cm ｜ 通高 6.7cm

盖与器身连体，喇叭形捉手，宽肩近平，圆鼓腹，肩腹部附双环形耳，整体向上扬起，矮圈足，无底。肩部饰一周重环纹，腹部饰有瓦垄纹。

**158**

**M169：18　铜盘**

口长径 7.5、短径 6.4cm ｜ 圈足底径 4.9cm ｜ 通高 4.6cm

器口呈椭圆形，敞口，方唇，外缘有一周凸棱，浅腹，双附耳，高圈足，下附三支足，圈足底部有凸起呈柱状浇口。

**159**

**M169：14　铜盉**

通宽 11.2cm ｜ 厚 1.8cm ｜ 通高 10.2cm

扁体盉，盖与身连体，顶端有一立鸟，腹腔前近似曲尺流，实心，后环首鋬，腹下端接梯形支足，中有槽，内有范土。腹部两面饰变体重环纹。

**160**

**M169：16　铜壶**

口长 2.9、宽 2.3cm ｜ 底长 4.9、宽 3.6cm ｜ 高 9.3cm 。

盖与器身浑铸一体，盖呈长方形，长颈，颈中有一近似长方形孔，"Z"字形双耳，鼓腹下垂，矮圈足，无底。颈部饰重环纹，腹部饰夔龙纹，颈部与腹部之间有一周凸棱。

**163**

141

**M169：28　铜铷**

口径 5cm ｜ 腹径 6.9cm ｜ 底径 3.2cm ｜ 通高 5.7cm

侈口，方唇，斜直领，圆肩，圆鼓腹，肩腹部附单龙首形耳，平底内凹。肩腹部饰两周夔龙纹，以窄带纹隔开，耳下端饰重环纹。

164

142

**M169：5　铜车辖**

辖键长 8、宽 1.1cm ｜ 通长 11.1cm ｜ 厚 1.9cm

辖首正面饰一龙首，龙首上端为"γ"形犄角，圆目外凸，阔鼻上卷，辖首背面呈马蹄形，两侧穿孔近曲尺形，辖键平面呈梯形。

166

143

**M169：12　铜剑**

剑身长 15.9、宽 2.2cm ｜ 柄长 9.5cm

通长 25.4cm ｜ 厚 0.5cm

剑身呈圭形，柱脊，宽格，宽首。格部饰兽面，柄茎与柄首镂孔，饰神人龙首纹。柄茎两侧有不对称突起

167

 **｜ M218**

144

**M218：3　铜鼎**

耳高 3.7、宽 4cm ｜ 口径 18cm ｜ 腹深 8.5cm ｜ 通高 17.8cm

敛口，平沿，方唇，方形双附耳，垂腹，圜底趋平，三蹄足上移至腹部，上部粗壮张扬，中部有圆箍，内侧部分有凹槽。双耳与两蹄足未在一条直线上。附耳外侧饰简化重环纹、珠纹组合，上腹部饰夔龙纹、有目窃曲纹组合，下腹部及足上端饰褶皱波带纹，内填充夔龙纹装饰，上下腹部纹饰带以一周窄带纹隔开。纹饰拐角处较方折。

174

**M218：4　铜鼎**

耳高 3.7、宽 4cm ｜ 口径 18cm ｜ 腹深 8.5cm ｜ 通高 17.8cm

敛口，平沿，方唇，方形双附耳，垂腹，圜底趋平，三蹄足上移至腹部，上部粗壮张扬，中部有圆箍，内侧部分有凹槽。双耳与两蹄足未在一条直线上。附耳外侧饰简化重环纹、珠纹组合，上腹部饰夔龙纹、有目窃曲纹组合，下腹部及足上端饰褶皱波带纹，内填充夔龙纹装饰，上下腹部纹饰带以一周窄带纹隔开。纹饰拐角处较方折。

————————————————————— 176

**M218：16　铜鼎**

耳高 3.7、宽 4cm ｜ 口径 18cm ｜ 腹深 8.5cm ｜ 通高 17.8cm

敛口，平沿，方唇，方形双附耳，垂腹，圜底趋平，三蹄足上移至腹部，上部粗壮张扬，中部有圆箍，内侧部分有凹槽。双耳与两蹄足未在一条直线上。附耳外侧饰简化重环纹、珠纹组合，上腹部饰夔龙纹、有目窃曲纹组合，下腹部及足上端饰褶皱波带纹，内填充夔龙纹装饰，上下腹部纹饰带以一周窄带纹隔开。纹饰拐角处较方折。

————————————————————— 177

**M218：17　铜簋**

盖捉手长径 8.6、短径 7.3cm ｜ 盖口长径 17.6、短径 13.3cm
耳高 5.8、宽 3.6cm
腹最大径 19.7cm ｜ 圈足长径 16.8、短径 12.4cm ｜ 通高 16.6cm

器盖整体呈圆弧形，顶端附一柱状握手。器身整体呈盂形，敛口内缘有一周凸脊，作子口，方唇，圆腹，龙首形双耳，顶端三棱脊上各有两横向小浅槽，双目凸起，中有凹窝，其内可能原镶嵌有珠饰，下承三个蹄足。捉手内底饰夔龙纹，盖表与器腹饰瓦垄纹、"S"形有目窃曲纹组合，双耳两侧饰夔龙纹、重环纹组合，圈足饰一周垂鳞纹，对应支足上部圈足饰三个兽面纹饰。

————————————————————— 178

148

**M218：23　铜簋**

盖捉手长径 8.6、短径 7.3cm ｜ 盖口长径 17.6、短径 13.3cm

耳高 5.8、宽 3.6cm

腹最大径 19.7cm ｜ 圈足长径 16.8、短径 12.4cm ｜ 通高 16.6cm

器盖整体呈圆弧形，顶端附一柱状握手。器身整体呈盂形，敛口内缘有一周凸脊，作子口，方唇，圆腹，龙首形双耳，顶端三棱脊上各有两横向小浅槽，双目凸起，中有凹窝，其内可能原镶嵌有珠饰，下承三个蹄足。捉手内底饰夔龙纹，盖表与器腹饰瓦垅纹、"S"形有目窃曲纹组合，双耳两侧饰夔龙纹、重环纹组合，圈足饰一周垂鳞纹，对应支足上部圈足饰三个兽面纹饰。

179

149

**M218：12　铜鬲**

口径 10.2cm ｜ 通高 10cm

敛口，斜平沿，方唇，束颈，腹部微鼓，瘪裆，锥足，瘪裆处顶部有三小兽面。腹部饰一周夔龙纹、窃曲纹组合，足部饰三组两两相背夔龙纹。纹饰拐角处较方折。口沿有半周阴刻铭文，共九字，释读为："憲子自为鬲，台（以）埶元羞（馐）"

180

150

**M218：13　铜甗**

盆口径 22cm ｜ 最大腹径 24cm ｜ 通高 31cm

圆甗，上端似一盆，与下端鬲连体，无箅。盆敛口，斜平沿，方唇，折肩，肩部附三个铺首，鼻孔内穿绚索状环，斜腹，中束腰，鬲联裆，空心锥足，裆上部饰三个兽面，无吐舌，有裂口。盆下肩腹部饰三组夔龙纹，各组内形象不尽相同，中以宽带纹隔开，鬲腹部饰一周褶皱波带纹，波峰波谷平直，内填充眉口组合装饰。

183

151

**M218：9　铜壶**

盖捉手长 12.5、宽 10.4cm

口长 10.9cm ｜ 圈足长 15.8、宽 12.5、高 3.4cm ｜ 通高 31.8cm

直口，平沿，厚方唇，双方形附耳，顶端外侧有长方形棱脊，上端饰兽面，下端附铺首穿环，深腹较直，上附有六组铺首穿环，高圈足。底承三个虎形支足，整体一侧面卧虎形象，身朝右，头朝向外侧，垂尾，末端向上弯曲，上腹部饰一周繁缛夔龙纹，下腹部饰瓦垅纹，圈足饰一周繁缛夔龙纹。

185

152

**M218：11　铜盘**

口径 29cm ｜ 圈足径 26.5cm ｜ 高 13.3cm

直口，平沿，厚方唇，双方形附耳，顶端外侧有长方形棱脊，上端饰兽面，下端附铺首穿环，深腹较直，上附有六组铺首穿环，高圈足，底承三个虎形支足，整体一侧面卧虎形象，身朝右，头朝向外侧，垂尾，末端向上弯曲。上腹部饰一周繁缛夔龙纹，下腹部饰瓦垅纹，圈足饰一周繁缛夔龙纹。

186

153

**M218：23　铜匜**

流口径 4.8cm ｜ 通高 13.6cm

流与器身之间断裂。器口平面大致呈椭圆形，直口，薄方唇，槽状流向上扬起，龙首形耳，口衔于器口，腹部较深且直，圜底趋平，下附四蹄足，圜底部有范线。腹部通体饰夔龙纹、瓦垅纹组合，四蹄足各饰一竖向宽大夔龙纹。

190

154

**M218：15　铜盂**

捉手径 6cm ｜ 盖口径 17.7、高 6cm
器身口径 17.7cm ｜ 底径 10.7cm ｜ 腹最大径 19.8cm ｜ 通高 16.5cm

器盖整体呈圆弧形，高捉手，平面呈璧形，盖沿均匀分布三个兽面扣，与器身套结。器身敛口，斜平沿，方唇，折肩，肩腹部附双龙首形耳，腹部较深，斜收至凹底，下腹部及底有裂口。捉手及盖上部饰三组繁缛夔龙纹，其中盖上部以两周平行窄带纹隔开，捉手柄部饰一圈绚索纹，盖缘饰一周夔龙纹、有目窃曲纹组合，器身饰三组繁缛夔龙纹，中以宽带绚索纹、窄带纹隔开。

193

155

**M218：96-1　铜戈**

援长 11.5、宽 3.2cm ｜ 阑长 10.4cm ｜ 内长 7.2、宽 3.3cm ｜ 厚 0.5cm
通长 18.68cm

三角形锋，折角明显，长条形援，援本上端一穿，中内曲，援末端两面各铸一凸起小戈，中胡两穿，内部呈梯形，中有一横穿。

194

156

**M218：67　铜钺**

长 15.2cm　|　宽 6.5cm　|　厚 0.8cm　|　銎孔长 2.3、宽 1.6cm

钺身呈舌状，一侧有纵向銎，截面呈长方形，銎身有对穿单孔，銎孔内残留有朽木，肩部有上下阑，无内。带柲，髹红漆，上以蓝彩绘制折线几何纹图案。

·························· **194**

157

**M218：86　铜虎**

通长 8.2cm　|　宽 4.6cm　|　厚 0.1cm

整体为一卧虎形侧面形象，正面平整，2件身朝右，2件身朝左。头微扬，变体柿蒂形耳，嘴部有一或二钉孔，前后腿作匍匐跳跃状，尾巴整体垂下，尾稍向上弯曲。腹中部及尾巴饰"〉"纹饰，尖朝向头一端，腹部前后两端各饰一夔龙纹，脊梁饰"{"纹饰，尖朝向尾部，腿部饰重环纹。背面中空，中有一横梁。

·························· **195**

158

**M218：90　金虎**

通长 4.8cm　|　宽 2.4cm　|　厚 0.1cm

正面隆起，整体为一卧虎形侧面形象，背面中空，有一铜质竖梁。2件身朝右，2件身朝左。嘴张，柿蒂形耳，头端二钉孔，衔铜质铆钉，前后腿作匍匐状，尾巴整体垂下，尾稍向上弯曲。

·························· **195**

159

**M218：99-1　铜策首**

通长 5.9cm　|　銎口长径 4.3cm　|　短径 3.3cm

策首上端为三棱尖状锥体，下部骹作圆筒形，骹顶端饰四只蝉纹，下端饰两周三角纹。銎孔内残存有朽木。

·························· **196**

160

**M218：78　骨饰**

长 5.9cm　|　宽 2.2cm　|　厚 0.7cm

平面近似长方形，一端有缺口，中部有一长方形穿，边角有钉孔，正面隆起，近两端各饰一组蟠螭纹，背面平整。

·························· **196**

**M218：26　陶罐**

口径 12cm ｜ 腹最大径 28.8cm ｜ 底径 14.8cm ｜ 通高 32.6cm

小喇叭口，尖圆唇，束长颈，肩部较圆，上附似鸡冠形双系，上腹部圆鼓，下腹部斜收至平底，最大径在上腹部。肩腹部饰三组平行凹弦纹，下腹部饰不连续性竖向绳纹。

..................................................................................................... **197**

 | **M38**

**M38：39　铜鼎**

耳高 4.1 ~ 4.2、宽 3.2cm ｜ 口径 15.7cm ｜ 腹深 6.6cm
通高 13.8 ~ 14.1cm

侈口，斜平沿，方唇，双附耳，浅垂腹，耳外撇较甚，圜底近平或平底，三蹄足内侧有一竖向凹槽，槽内残留范土，蹄足略向外撇，上部已近腹中部，粗壮张扬，中部稍细。器形整体制作粗糙。腹饰一周"S"形有目窃曲纹，其下饰一周垂麟纹，耳部外侧饰简化重环纹。纹饰拐角处均较方折。纹饰整体不甚规整，结构松散，高低起伏。

..................................................................................................... **201**

**M38：32　铜鼎**

耳高 4.6、宽 4.4cm ｜ 口径 18.7cm ｜ 腹深 8.4cm ｜ 通高 15.6cm

侈口，斜平沿，方唇，浅垂腹，双附耳略外撇，圜底近平，三蹄足内侧有一竖向凹槽，槽内残留范土，蹄足上部粗壮，中部内收，有圆箍。附耳外侧饰重环纹、珠纹组合，上腹饰一周夔龙纹，两夔龙之间以有目窃曲纹衔接，下腹饰褶皱波带纹，波峰波谷平直，内填充夔龙纹装饰，上下腹纹饰以一周窄带纹隔开，蹄足上端饰两个相对称夔龙。纹饰拐角处均较方折。

..................................................................................................... **203**

164

**M38：49　铜簋**

盖口长径 15.2、短径 13cm ｜ 捉手径 4.9cm ｜ 盖高 5.8cm

器口长径 14、短径 12.5cm ｜ 圈足径 11.9cm ｜ 足高 1cm ｜ 通高 15.4cm

盖整体呈椭圆弧形，顶端附喇叭形捉手。器身整体呈椭圆盂状，敛口，方唇，短颈，圆腹，龙首形双耳，圈足下承三个扁平支足。盖与器腹饰瓦垅纹，盖缘饰一周"S"形无目窃曲纹，器口饰一周"S"形有目窃曲纹，圈足饰一周垂麟纹，三足刻划纹饰基本相同。纹饰拐角处均较方折。纹饰整体不甚规整，高低起伏。三足刻划有首立人形象。

205

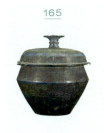

165

**M38：35　铜盆**

盖口径 22.9cm ｜ 捉手径 6.6cm ｜ 盖高 4.7cm

器身口径 22.4cm ｜ 腹最大径 23.9cm ｜ 底径 11.9cm ｜ 通高 24.5cm

器盖有裂口。整体呈圆弧形，高捉手，柄中部有一绹索状圆箍，盖沿均匀分布四个兽面子母扣，与器身扣合。器身敛口，平沿，薄方唇，折肩，深腹斜收，平底。盖饰三组繁缛夔龙纹（部分纹饰为三角状夔龙纹），中以两周窄带纹隔开，器身亦饰三组繁缛夔龙纹（部分纹饰为三角状夔龙纹），其中顶层纹饰组夔龙身中以有目窃曲纹装饰，三组纹饰组之间以两周窄带纹隔开。纹饰拐角处较方折。

206

166

**M38：33　铜鍑**

耳高 3.9、宽 3.2cm ｜ 口径 18cm ｜ 腹深 12.1cm ｜ 通高 18.9cm

敞口，窄斜平沿，方唇，深腹，双绹索状立耳，圜底，矮蹄足，足内侧有一竖向凹槽，槽内残留范土。双耳上饰有乳丁，下端各饰两兽面纹，通体饰七排倒向垂麟纹，每排纹饰整体未在一条水平线上，高低起伏。

208

167

**M38：34　铜盘**

耳高 4 ~ 4.5、宽 3.7cm

口径 23.3cm ｜ 底径 21.2cm ｜ 足高 1cm ｜ 通高 9.1 ~ 10cm

侈口，窄平沿，方唇，浅腹，双附耳，一耳外撇较甚，底部较平，圈足较高，下附三个矮足。腹饰一周夔龙纹，耳外侧饰重环纹，圈足饰一周垂麟纹。纹饰拐角处较方折。

209

**M38：26　石圭**

通长 11.1cm ｜ 边宽 2.2cm ｜ 厚约 0.5cm 。

灰色。圭首呈等腰三角形，柄部呈长方形，边缘双面磨制较薄，截面呈六边形。

209

 **M167**

**M167：3　铜鼎**

耳长 1.7、宽 1.7 ~ 2cm ｜ 口径 11.5cm ｜ 足高 4.5cm ｜ 通高 10.6cm

直口，窄斜平沿，方唇，双方形立耳，外撇较甚。浅腹，圜底近平，蹄足上端粗壮，上移至腹底。腹部饰一周 "S" 形共尾夔龙纹饰，转折处方折。

212

**M167：6　铜舟**

口长径 11.58、短径 8.64cm ｜ 底长径 8.7、短径 5.74cm ｜ 高 7.13cm

器形整体呈椭圆形，侈口，尖圆唇，溜肩，垂腹，肩腹部长边附两系，短边附双环形耳，平底。肩腹部纹饰分两组，之间以弦纹隔开，上部纹饰为勾形蟠虺纹，下部为垂叶三角纹。

214

**M167：23　铜镜**

直径 5.46cm ｜ 厚 0.2cm ｜ 纽高 0.62cm

平面呈圆形，正面平整，背面中有一拱形纽，外廓线明显。背面围绕镜纽饰一周夔龙纹饰。

216

**M167：27　铜剑**

首部宽 3.3cm ｜ 茎部宽 1.77cm ｜ 格部宽 3.34cm
身宽 2.63cm ｜ 厚 0.5cm ｜ 通长 24.52cm

首部饰镂空状夔龙纹，吐舌延伸出顶端，茎部柱脊明显，格部饰有轮廓较方折兽面纹，身有棱脊，两侧较锋利。

217

173

**M167：28　铜戈**

援长 11.7、宽 4.2cm ｜ 内长 7.2、宽 3.32cm ｜ 厚 0.41cm

柲部总长 86.7cm ｜ 宽 4.2cm

柲部，髹红漆，平面呈长方形。铜戈长条形援，较平直，中无明显脊棱，三角形锋，折角出现圆钝，援上端一竖穿，中胡两穿，内略残，平面呈梯形，末边圆弧，中有一横穿。

218

174

**M167：26　铜刀**

刀身长 11.27cm ｜ 背部厚 0.5cm ｜ 刃部厚 0.06cm

柄部长 6.93cm ｜ 通长 18.3cm

柄首似耳形，中部刻划"〈"纹饰，柄茎内收呈条状，截面为八边形，刀身大致呈三角形，背部较厚钝，刃部较薄有豁口，锋部向上翘起。

219

M35

175

**M35：34　铜鼎**

耳长 3.8、宽 2.7cm ｜ 口径 15cm ｜ 腹深 6cm ｜ 通高 14cm

口微敛，窄斜平沿，方唇，方形立耳，腹部较深，中有一周凸棱，圜底近平，三蹄足，中有一竖向凹槽。足中部有凸起乳丁，足根略向内收，纹饰仅在上腹部饰一周蜕化重环纹带，较平整。

224

176

**M35：39　铜鼎**

耳长 3.8、宽 3.5cm ｜ 口径 16.6cm ｜ 腹深 8.6cm ｜ 通高 16.6cm

口微敛，窄斜平沿，方唇，方形立耳，腹部较深，中有一周凸棱，圜底近平，三蹄足，中有一竖向凹槽。向外撇，纹饰仅在上腹部饰一周重环纹带。

225

177

**M35：40　铜盂**

盖沿径 20.8cm ｜ 捉手直径 5.2、高 5.3cm

器身口径 20.5cm ｜ 底径 10.8cm ｜ 腹最大径 20.8cm ｜ 通高 15.5cm

器盖整体呈圆弧形，顶部有圈足状捉手，盖沿均匀分布四个子母扣，与器身套结。器身口沿残，侈口，平沿，薄唇近方，折肩，腹部较深，斜收至平底。

226

178

**M35：60　铜剑**

通长 25.5cm　|　身最宽 2.9cm

剑身有棱脊，格部饰有轮廓较方折的兽面纹，扁平椭圆喇叭形茎，饰螺旋状右旋凸棱，凸棱间填充回形纹饰，柄端中空。

227

179

**M35：16　铜戈**

援长 12.2、宽 3.2cm　|　内长 7.3、宽 3.1cm　|　厚 0.4cm　|　通长 19.5cm

长条形援，较平直，中无明显脊棱，三角形锋，折角出现圆钝，援上端一穿，中胡两穿，长方形直内，中有一横穿。

228

180

**M35：29　铜戈**

援长 12.0、宽 3.3cm　|　内长 7.5、宽 3.2cm　|　厚 0.4cm　|　通长 19.5cm

长条形援，较平直，中无明显脊棱，三角形锋，折角出现圆钝，援上端一穿，中胡两穿，长方形直内，中有一横穿。

229

181

**M35：17　铜矛**

通长 15.0cm　|　叶长 9.0cm　|　骹长 6.0cm　|　骹銎径 1.7cm

中部为粗脊，叶呈柳叶形，锋较圆钝，双面刃，圆形骹銎，边缘有两周凸棱，作为箍起加固作用，上有钉孔，骹銎内有柲。

230

182

**M35：19　铜矛**

通长 27.8cm　|　叶长 16.5cm　|　骹长 11.3cm　|　骹銎径 2.1cm

中部为脊，叶呈圭形，双面刃且锋利，圆形骹銎，上有钉孔，骹銎内有柲。骹通体饰窃曲纹。

230

183

**M35：48　铜盾钖**

底径 8.2cm　|　高 1.5cm

位于髹漆木盾之上。圆形有沿，中部隆起。沿上有两组对称钉孔。

231

**M35：32　铜马衔（镳）**

衔体圆环穿径 2.5cm ｜ 互交圆环穿径 1.0cm ｜ 衔体通长 12.6cm

镳圆环穿径 1.7cm ｜ 鼻穿高 0.7cm ｜ 镳体长 14.8、宽 1.2cm

衔由 2 件两端均有环的衔体组成，一端两环互交，一端环中插镳。内外环均呈圆形，且外环大于内环径，便于插镳。镳体呈弧形，内侧有半圆形两鼻穿，正面两端饰龙纹首尾，一端衔环，一端呈钩形。

**231**

🐄 ｜ **M32**

**M32：1　铜戈**

援长 11.3、宽 3cm ｜ 内长 6.2、宽 3cm ｜ 厚 0.4cm ｜ 通长 17.5cm

长条形援，较平直，援中脊棱较明显，三角形锋，转折出现圆钝，援上端有一穿，中胡两穿，长方形直内，中有一横穿。

**234**

**M32：5　石圭**

通长 14.8cm ｜ 宽 2.8cm ｜ 厚 0.6cm

长条形，圭首呈三角形，柄部呈长方形。

**235**

# 后记

石家及遇村遗址自2016年开始发掘以来，已历时八年。遗址所处陇东地区是周文化起源的重要区域，也是西周晚期以来，周与西北地区戎人、秦人彼此接触的前沿地区。石家及遇村遗址考古新发现多层次聚落结构，揭示了这一关键区域周、秦、戎实力此消彼长的复杂关系，是研究这一时期族群交流、融合发展过程的重要发现，也是探讨中华民族多元一体格局形成的重要课题。石家及遇村遗址发掘，首次建立起陇东地区西周至战国、秦汉时期考古学文化序列，尤其是西周晚期至春秋早期这一关键节点的文化演变，对于认知西周的灭亡与平王东迁后周余民、秦人和戎人的关系以及西土政治格局具有重要学术意义。

石家墓地出土器物丰富，虽然部分墓葬资料已在《考古学报》《考古与文物》等学术期刊上发表，但与学界和公众之期望有所差距。鉴于以上情况，我们择取石家墓地西周晚期、春秋早期以及春秋中期三个时期具有代表性墓葬十一座，将其典型器物以墓葬年代和墓葬等级为序集结成图出版，以飨学界和广大读者。

本书共41.4万字，由王永安担任主编，孙锋、彭子源任副主编。王永安完成了前言部分，孙锋和彭子源共同完成了文物描述，最后由王永安统稿。本书所有文物照片由王永安、孙锋拍摄。

石家墓地先后参加发掘的人员有张俊民、王永安、郑国穆、孙锋、赵祥、赵章赫、王雪琴、高丽、胡金云、郑恺、孙瑜、赵张煜、王吟、胡晨雨、任兆瑞、赵弦杨等，参与现场文物保护和可移动文物修复的人员有邓天珍、芦敏、张伟、赵研、赵祥、田小刚等，在此向以上人员表示诚挚谢意。

2024年1月29日